電通若者研究部 ワカモン 著

FLAT

MANAGEMENT

フラット
マネジメント

「心地いいチーム」をつくる
リーダーの7つの思考

エムディエヌコーポレーション

# はじめに

　この本を手にしているあなたは、こんな悩みをもっているのではないでしょうか。

　「どうしたら良いチームをつくることができるんだろう」

　「そもそも"良いチーム"って、どんなチームを指すのだろう」

　「いまのやり方じゃダメなのはわかってるけど……」

　チームをマネジメントする立場にいる人は、「どうしたら自分が求める良いチームがつくれるのか」と、つねに頭を悩ませているかと思います。

　まずはひとつ質問です。

　チームをどうするべきか真摯に向き合い、部下のために考え続けているその頭の片隅で、「自分は上司なのに、なんで部下のためにこんなに悩まなくちゃいけないんだ」と思ったことはないでしょうか？　上司である自分の立場について、どこかで「部下より上」と感じてしまってはいないでしょうか？

　実際に、部長、課長といった肩書をもっている人は「上司」と呼ばれ、指示する人、責任のある人なので「上」の立場であると、"ひと昔前"の感覚では、いうことができたでしょう。しかし、この本を手に取っているあなたは、それではうまくいかない時代であることも知っているはずです。

　われわれ電通若者研究部　ワカモンが提案したいのは、**会社、仕事、立場といったものを杓子定規な考えで捉えるのをやめること**です。

　いまの時代は多様な価値観が存在しており、その多様な価値観をすり合わせながら仕事をしていく必要があります。同じ会社に勤めている人でも

「良いチーム」の意味はそれぞれ違うでしょうし、上司からの指示や会社の方針に従うのが絶対、という時代でもありません。もはや、「上司だから偉い」「上司だから立場が上」ではなくなってきているのです。

　自らの意思と上司の方針が合わなければ、転職しても起業してもよいですし、テレワークやリモートワーク、副業、地方移住など、コロナ禍を経験したことで、働くことに対する価値観の多様化はさらに進むことになったといえます。「仕事とはこういうものである」といった、多くの人に共通する**「当たり前が崩壊」した時代**なのです。

　チームをマネジメントする立場にいる人たち（本書では「リーダー」と呼んでいきます）は、「こうすれば正解」という答えがどこにも存在しないという時代の価値観を理解したうえで、どうしたらより良いチームをつくることができるのか、状況に応じて向き合わなければなりません。

　また、リーダー（上司）が絶対に正しいわけではないということは、一方的な命令や押し付けが通用しないということであり、自ら思考することが強く求められることを意味します。さらにいえば、すべてのリーダーに共通する正解の手法というものも存在しないのです。

　そんな複雑な時代を乗り切るために、われわれが提案しているのが、リーダーがもつべき思考**「フラット・マネジメント」**です。

　これからのリーダーに求められるのは、多様な価値観や考えをもつ部下と向き合う柔軟な思考です。フラット・マネジメントはその思考を体系的に整理し、さまざまな環境下にいるリーダーに適したシステムになっています。本書を通じてフラット・マネジメントの考え方を知っていただき、より多くのリーダーに活用してもらえることを願っています。

それでは、フラット・マネジメントという思考システムを理解すると、どのような場面で有効なのか具体的にみていきます。

● 部下への指示の出し方
　リーダーの立場だと避けて通れないのが「仕事の指示」でしょう。あなたは、次のように感じたことはないでしょうか。
・ 自分が過去に上司から受けたように指示を出しても、部下に伝わっている気がしない。
・ いまの時代に合った指示出しをしたいが、具体的なやり方がわからない。
・ 部下と価値観が違いすぎるため、いつ「パワハラ」と言われるかわからなくて不安を感じる。
　時代の変化も感じているあなたとしては、一方的に「仕事だからやれ」と言い切ることもできないし、言ったところで良い結果にならないこともわかっているからこそ歯がゆく感じるのではないでしょうか。

［フラット・マネジメントで考えると］
　まず、どのような時代であれ、会社という組織のなかでリーダーとして指示を出すことは必要であり、遠慮したり、気を遣いすぎたりする必要はありません。問題になるのはその「伝え方」であり、適切なコミュニケーションが取れているかどうかです。これをフラット・マネジメントの観点で捉えると、次の二点が大切なポイントになってきます。
・ 想像力 …… 相手がどのような思考をもっているか。どういった言い方をすると伝わりやすいか、相手のことを想像することが重要。
・ 対話力 …… 一方的に指示を出すのではなく、相手の反応も踏まえて柔軟に対話をするスタンスをもつこと。

シンプルで簡単そうに思えますが、じつはかなり難しい行為だともいえます。なぜなら、人間というのは年齢を重ねるごとに思考の柔軟性が失われ、**「自らの過去の経験や慣習にもとづいた方法を採用しがち」**だといわれていて、相手を尊重したコミュニケーションにおいては障害になりやすいからです。また、人は過去の成功体験にとらわれやすい側面もあり、自分の過去の経験や体験に当てはまらない反応に直面すると、なかなか柔軟な対応ができない人が多いのです。

● チーム内のコミュニケーション

　仕事でもプライベートでも、相手にお世話になったときにお礼として食事に誘う（ご馳走する）、という場面がよくあると思います。とくに50代以上の方にとっては、きわめて一般的なのお礼の方法、感謝の伝え方のひとつだといえます。

　リーダーの立場でも、チームに貢献した部下に対する感謝を込めて、労う意味で食事に誘う場面があると思いますが、これは「自分（リーダー）が誘うことを部下が喜んでくれる」ということが前提となっています。しかし、いまの時代の価値観では、「部下を食事に誘う＝労い、感謝、お礼」にはならないケースが多々存在しています。

　いまの若者は仕事だけではなくプライベートも忙しく、タイパを重視する世代だといわれます。「好きでもない相手とご飯を食べても嬉しくない」「労いなのであれば、別の方法でしてほしい」などと受け取られるリスクがあるのです。

[フラット・マネジメントで考えると]

　さきに答えをいってしまえば、どんなにおいしい食事でも、どんなに高級な食事でも、一緒に食事に行くのが好ましい相手ではない場合、その時点でお礼にならない、ということです。

　部下に好かれていなければ食事に誘ってはいけない、というわけではありません。しかし、情報があふれ変化の激しい現代では、時間の価値は高まっており、相手の時間をもらうことは、ときにお金にも代え難いことである、ということを理解する必要があります。貴重な「時間」を誰に、何に、どう使うかという個人の選択は、会社という強制力では縛れないということを認識しましょう。

　大事なのは「相手がそれで喜んでくれるか」を考える想像力をもつことです。自分だけの一方的な考えで行動するのではなく、本当に相手もそれを望むのかを自問自答し、独りよがりにならずに想像力を働かせることがとても大切なのです。


　「価値観」とは、つねに変化し続けているものです。時代の価値観もあれば、個人がもつ価値観も存在し、それらは何ひとつとして完全に同じものは存在しません。自分の価値観と相手の価値観は違うものですし、自分と時代の価値観も合致しているとは言い切れません。ともすれば、自分の価値観のみに囚われてしまいがちですが、そこに違いが存在していることをしっかりと認識することこそが、いちばん重要なのです。

　いまという時代はその**「異なる価値観が尊重される時代」**です。

　言葉にすると簡単ですが、それがなかなかできないからこそ、われわれはいつも悩みを抱えています。フラット・マネジメントを実践することで、その根源にある悩みを解消し、あなたが求めるチームの形に少しでも近づきましょう。

　上司をやめて、心地いいチームをつくるリーダーへ。

# CONTENTS
# 目次

## 思考 7 リッチキャリアよりサステナブルライフ
### ～「会社の中の蛙」上司は尊敬されない～

# INTRODUCTION
## フラット・マネジメントの概要

　フラット・マネジメントとは、変化の激しい時代のなかで杓子定規な考え方に囚われず、チームメンバーの一人ひとりと向き合いながら、その多様性を活かしてチームをより良いかたちに導くための思考システムです。「思考法」ではなく「思考システム」としているのは、たんに思考するだけに止まらず、どのような観点に立ち、どのように行動するか、というプロセスを経てはじめて機能するものだといえるからです。

　現代は多様な価値観を認め合うことが是とされる社会です。表立ってこの理念に反対する人は少なく、異口同音にその「多様性」を口にします。こうしたなかで、口だけで「多様性を活かす」といってみたり、形だけの行動をしてみたところで、お互いがお互いを評価しているいまの時代では、その軽薄さが露見してしまうだけです。

　正解がない時代だからこそ、どのような思考にもとづいて、どのような判断を下し、なぜその行動に至っているのか、それぞれがしっかりとリンクし、ブレない軸として言動の基盤となっていることがとても重要です。フラット・マネジメントは、それを実現するための体系的なシステムなのです。

　フラット・マネジメントを身に付けるための大前提として、以下の3つを理解してください。

・いまの時代には正解と呼ばれるものは何ひとつないこと

・自分と相手は、基本的に異なる思考をもっていること

・相手と自分との関係性は、つねに流動性の高いものであること

　これらは、いまの時代のチームマネジメントは一筋縄ではいかず、リーダーの思考や体力をかなり費やす必要があることを示しています。チームマネジメントはどうしてもある程度の工数がかかる、ということです。それでもなお、その工数をかけてでもメンバーと向き合うことはかけがえのないことであると、その価値を認識してください。

フラット・マネジメントは、「思考」「スタンス」「アクション」という3つのプロセスで構成されています。

## プロセス1　思考

### フラット・マネジメントシステムの「屋台骨」

なぜ、いまの時代にフラット・マネジメントが重要なのか、
その背景を理解する

## プロセス2　スタンス

### システムがしっかり機能するか見極める「チェックポイント」

実際にアクションを起こす前に、
アクションが正しく表現されるかどうか確認する

## プロセス3　アクション

### システムを活用して実際に行動を起こす「アクション」

思考を理解し、正しいスタンスが取れていることを
踏まえて行動を起こす

　これら3つのプロセスは、一つひとつが独立した動きではなく、すべてがしっかりとつながっているからこそ、相手に伝わるアクションとして機能するという構造になっています。この連続した動きのつながりはスキージャンプとの構造とよく似ています。

① まずジャンプ台に立つことが重要（何もしなければそこに立つことすらできない）
② 正しい場所に立ったうえで、高く飛び出すために正しい姿勢で助走をはじめる
③ 姿勢を保ったままジャンプ台から飛び出し、滑空して結果を出す

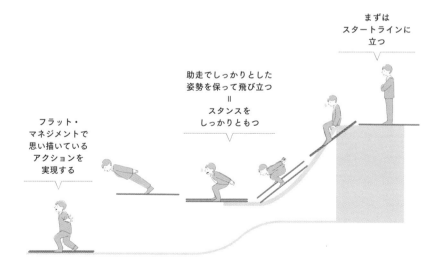

まずは
スタートラインに
立つ

助走でしっかりとした
姿勢を保って飛び立つ
＝
スタンスを
しっかりともつ

フラット・
マネジメントで
思い描いている
アクションを
実現する

アクションは実際にあなたが取るべき具体的な行動です。しかし、だからといってこの「アクションだけできればよい」というわけではありません。スキージャンプにおいても、ジャンプ台に立ったときの位置、助走のときの姿勢などが間違っていれば、最終的には良いジャンプにならないように、思考やスタンスをしっかりと理解して、そのうえでのアクションでなければ、見よう見まねで「ただアクションしただけ」になって、良い結果にはつながりません。

　実践されるのは最後の「35のアクション」ですが、根底に流れる「7つの思考」を理解し、リーダーがとるべき「16のスタンス」を受け入れたうえで、3つのプロセスが一体であることを強く意識して、本書を読み進めてください。

# 7 つの思考

　フラット・マネジメントの根底に流れるとても重要な考え方です。「○○よりも○○」のように対比構造で表されていますが、フラット・マネジメントでは、従来の価値観を否定しているわけではありません。変わりゆく時代の価値観を見つめたときに、過去に存在していた価値観は必ず人々のなかに、年代などによってグラデーションはありながらも存在しています。いまという時代において、それがどう変化しつつあるのかを明確にするために対比構造を用いています。

**時代に応じて変化する価値観**

　人間の思考とは歳を重ねるごとに硬化していくものです。思考の柔軟性をもち続けるためにも、つねに自身の戒めとして意識してください。リーダーとして判断に悩むとき、根底の考え方として大きな拠り所となるはずです。

# **16**のスタンス

　ここでいう「スタンス」とは、その人がもつ思考にもとづいた「考え方や態度のベースになる姿勢」を指します。その人が実際に考えていることが「思考」であり、その考えにもとづいた言動が「アクション」であるならば、その間に位置するのが「スタンス」です。

　いまの若者は、世の中は多様性に満ちていることを感覚的に理解しています。それは、人の発言や行動に対して「なぜそのような発言をするのか」「なぜそのような行動をするのか」と考えることができる、ということでもあります。同時に、人は考えたことをそのまま発言したり行動したりすることもない、という感性をもっています。環境や状況に応じて、言動は変わるということを体感としてわかっているからです。

　ですから、その人の根底にある思考でもなく、実際のアクションでもなく、発言や行動の基盤となっているその人のスタンスが重要になってきます。自らの思考をもち、そのうえで自分が置かれている状況や環境、考慮すべき事象を踏まえたスタンスでアクションを起こしてはじめて、若者はリーダーの言葉に耳を傾けてくれます。

　16のスタンスは、フラット・マネジメントのなかでもチェック機能のような位置づけであり、いざアクションを起こすときの行動指針になるものなのです。

# **35**のアクション

　アクションはずばり、これからチームマネジメントを行うあなたにとって、リーダーという立場で求められる具体的な行動になります。

　どんな発言をすればよいのか、どんな接し方をすればよいのか、具体的なアクションがここには詰まっています。ただし、じつはそのアクションの先に「あなたなりのアクション」が生まれるかどうかが、もっとも重要なポイントになることを忘れないでください。35のアクションは、自らの行動を変えるきっかけとなるファーストアクションであると考えれば、フラット・マネジメントがより深く浸透して、自分の中で馴染んでいくことでしょう。

　本書は、7つの思考ごとに関連するスタンス、アクションを一かたまりで理解できるように解説しています。ここでは導入として、7つの思考がどのようなものなのか、大きな構成を確認していきます。

思考
**1**

# 固定観念より新しい価値観

## 〜「あなたの常識」は部下の非常識〜

　時代に適応していくうえでもっとも重要な思考です。あなた自身が部下として経験した記憶や体験が、いまの自分の考えをつくっています。しかし、自身が部下であった時代といまとでは、時代の価値観はすでに変わっているのです。頭では理解することはできても、思考は年齢とともに硬化し、柔軟性を保つのは非常に難しいもの。柔軟な思考で時代の価値観をとらえたリーダーであるために、必要な思考を学びます。

---

**こんな悩みをもつリーダーに読んでほしい！**

☑ 自分の部下への接し方が、そもそも正しいのかどうかわからない

☑ 若者とのコミュニケーションで気をつけないといけない点があるのは
　わかるが、何に気をつけたらいいのかわからない

---

　とにもかくにも、いま何に気をつけるべきなのか、何を意識するべきなのかがわからない人は、この思考1から順を追って読み進めていくとよいでしょう。

思考
**2**

# 会社の都合より部下自身の「納得解」
## ～出世したがるのは上司だけ～

　ひと昔前に「会社や仕事があってこその個人」という時代があったのは事実です。しかし、いま、個人というものは決して会社や仕事より小さな存在ではなく、個人は自らが望む自分の在り方を実現することができる時代です。そのような価値観のなかで、会社や組織で働く人をマネジメントする際に大事にすべき思考を学びます。

---

**こんな悩みをもつリーダーに読んでほしい！**

☑ 部下が何をモチベーションにしているのかがわからない

☑ 自分の感覚では、出世すること、偉くなることこそ働くうえで大事だと考えているが、そうではない世代を動かすにはどうしたらいいのかわからない

---

　こうした「部下のモチベーション」や「動かし方」に悩んでいる方は、とくに思考2がヒントになるはずです。

思考

**3**

# 費用対効果より時間対効果

## 〜あなたとの食事はお礼にならない〜

　上司に時間をつくって話してもらえることは有難いこと。高い食事をごちそうになるのはうれしいこと。これまではとくに疑いもなく漠然とそう思ってきたかもしれません。しかし、相手が上司であろうと、自分自身が本当にその人を尊敬していなければ話を聞いても意味がない。高い食事でも、食べたいと思っている食事や、一緒に食べたい相手とでないと意味がない。いまの時代は"コスパではなくタイパ"が重視される時代。わたしたちの時間は有限である、と自然に考えるいまの時代の思考を学びます。

---

**こんな悩みをもつリーダーに読んでほしい！**

☑ 部下を指導していても、自分の話や指示をなかなか理解してもらえないと感じる

☑ どんなに指導しても結果につながらない

---

　タイパという言葉は聞いたことがあるし、理解もしている（つもり）。だけど、実際にタイパを大事にしているということが、具体的にどういった行動につながっているのかよくわからない。そんな経験をもつリーダーにおすすめしたいのが思考3です。部下の世代が仕事をするうえで大事にしている価値観について、その接し方のヒントが書かれています。

思考
**4**

# 大きなビジョンより小さなアクション

### 〜口だけ上司は、言葉は軽いが腰は重い〜

　部下を叱咤激励し、鼓舞して結果を出させる。そうしたやり方もたしかに存在しますが、いまという時代においては、ただ言葉で言うだけでは相手の信頼を得ることができません。そこにブレない意思が必要であり、相手を納得させるだけの行動が欠かせないのです。リーダーとして信頼を得るために、何を大事にすればいいのかを学びます。

---

**こんな悩みをもつリーダーに読んでほしい！**

☑ 自分は部下から信頼されているのか不安になる
☑ 部下たちは自分の話をちゃんと聞いていないんじゃないかと感じる

---

　あなたは部下に向き合うとき、口だけ上司になっていませんか？　良いチームを生み出すとき、部下との信頼関係が構築できているかどうかがとても大事な要素になります。部下との信頼関係に不安がある方にぜひ読んでいただきたいのが思考4です。

思考
**5**

# 上から目線より横から目線

~部下から吸収できないリーダーは成長できない~

「はじめに」では"上司をやめる"という表現を使いました。リーダー（上司）は指示をする立場であり、部下よりも重い責務を担っています。しかしそれでも、リーダーという立場のあり方を根底から考え直し、いまの時代に適応させていかないと、「良いチーム」をつくることはできません。柔軟な思考をもつことの重要性を思考1で学びますが、そのうえで、リーダーはどのようなスタンスで部下に向き合うことが求められるのか、リーダーという立場そのものの在り方を学びます。

---

**こんな悩みをもつリーダーに読んでほしい！**

☑ ある程度は部下と信頼関係があると思うが、どこか壁を感じている

☑ リーダーとして尊重してくれてはいるが、踏み込んだコミュニケーションが取れていない気がする

---

思考4では、そもそもの「信頼関係」をつくるうえで大事な思考について学びましたが、ここではさらにそこから関係を深めるために必要な考え方に進んでいきます。もっと良いチームにしたい、もっと部下を理解したい、という想いがある方に、ぜひ読んでいただきたいのが思考5です。

思考
**6**

# 嫌われない建前より丁寧な本音

### 〜叱れないのは、自分へのやさしさでしかない〜

　2000年代ごろからとくに叫ばれている「若者の〇〇離れ」。若者には従来のコミュニケーションでは伝わらない。厳しく接するとすぐに会社を辞めてしまう。リーダーはとにかく若い部下に対して腫れ物に触るように扱わないといけない。こんな言説が世の中にあふれています。しかし、本当にそうなのでしょうか？　実際にはコミュニケーションをおろそかにしているだけなのではないでしょうか？　若い世代に限らず、いまの時代、チームづくりにはどのようなコミュニケーションが求められているのかを学びます。

---

**こんな悩みをもつリーダーに読んでほしい！**

- ☑ ゆとり以降の若い世代に対しては、あまり怒らないほうがよいと聞いたことがある
- ☑ 怒ってはいけないと会社からも釘を刺されるが、ではどのように指導したらいいのかわからない

---

　部下を指導するうえで、注意することは避けて通れません。昨今は「怒ってはいけない」という認識が強すぎて、指導方法に悩むリーダーも多いと思います。そんな方におすすめなのがこの思考6です。"怒る"と"叱る"の違いをしっかりと学びます。

思考
**7**

# リッチキャリアよりサステナブルライフ
### 〜「会社の中の蛙」上司は尊敬されない〜

　いまの時代の価値観に照らし合わせたとき、リーダーにはどのような未来を描くことが求められるのでしょうか。個人の価値観が多様化している点については、本書でもさまざまなかたちで述べていますが、そうした背景を踏まえて、いまのリーダーに必要な未来の見つめ方を学びます。

---

**こんな悩みをもつリーダーに読んでほしい！**

☑ これからの時代のリーダーとはどうあるべきなのか知りたい

☑ リーダーという立場で、自分はどのようにふるまっていくべきかわからない

---

　思考1〜6とは違い、より未来を見据えたリーダーとしての行動に悩んでいる方にぜひ読んでいただきたいのが思考7です。時代の価値観はつねに変化していきますが、変化し続ける社会でリーダーとしてどのようにふるまうべきか、そのときに大切なことは何か、という問いに対するヒントが詰まっています。

　このように7つの思考では、いま時代のリーダーが抱える課題に応じた思考、スタンス、アクションを具体的に提案しています。

　すべてを理解してすぐに実践するのは難しいかもしれません。しかし、新しい価値観を理解し、体現しようとトライするスタンスが大事であり、結果的なアクションが間違ったものになったとしても、部下やチームと向き合おうとすることこそがもっとも大事だと、われわれは考えています。

　フラット・マネジメントはチームマネジメントだけに限らず、新しい時代の感性をもった世代とどのようにコミュニケーションを取ればよいのか、自分の経験を活かしつつ新しい時代に適応させていくにはどうしたらいいのか、そのヒントをまとめています。いきなりすべてをやろうとせず、まずは取り入れられそうな部分はどこかを探すくらいの気持ちで、向き合ってください。

思考
**1**

# 固定観念より新しい価値観

～「あなたの常識」は部下の非常識～

# STANCE 1

## 古い慣習やステレオタイプを押しつけない。

アクション **1** 価値観のズレがあることを認識する。

アクション **2** バイアスを"意識的に"取り除く。

アクション **3** 「押しつける」でも「すり寄る」でもなく、「すり合わせる」。

アクション **4** リスペクトを忘れない。

# STANCE 2

## いつまでも「過去の成功体験」にすがらない。

アクション **5** 「過去」ではなく「いま」と「未来」の話をする。

アクション **6** 自分の「成功」ではなく「失敗」に目を向ける。

# STANCE 1

## 古い慣習やステレオタイプを押しつけない。

アクション **1**

### 価値観のズレがあることを認識する。

　この本を手に取っているあなたは、仕事をしていて「それはちょっと違うんじゃないか」と違和感をおぼえることはないでしょうか？

　年齢が上の人は偉い。上司は偉い。新入社員だから雑務をさせる。女性がお茶くみをする。会議は実際に集まるのが当たり前。プライベートよりも仕事を優先するべき。休みが取れなくても仕事だからしかたない……。

　これらはある時期まで「当たり前」であるとされてきた感覚ですが、いまとなってはやや古い考え方だといえます。いまだからこそ違和感に気づくことができますが、人によってはいまだにこのような感覚をもっている人がいるのも実態であり、これこそが個々人がもつ**「価値観の違い」**であるということができます。

　価値観とは、「美しい・正しい・心地よい・理想的である・優先するべきだ、といった"価値判断の基準や捉え方"を意味する表現」であり[1]、かんたんにいえば、「何に価値を見出すのか」という感じ方のことです。それは、人がそれぞれに育った環境で獲得するものであり、日々の成長や時代の変化によって変わり続けていくものです。だからこそ、いま、同じ時代を生きる人であっても、それぞれの人生経験の違いなどに影響され、誰一人としてまったく同じ価値観をもつことはない、ということになります。

　この「価値観の違い」に年齢差が大きく影響するのはいうまでもありません。また、同じ時代に生まれ、同じ時代を生きている人であっても、その人が何を体験してきたかによっては、まったく異なる価値観をもっているということもありえるのです。

　私たちは、価値観が一人ひとり異なるということを忘れてしまいがちで、自分が「当たり前」だと思っていることを、何の疑いもなく言葉にし、行動してしまうことがあります。「仕事が終わらなければプライベートを犠牲にしてでも残業するべき」といった考え方に違和感をおぼえるのも、この価値観のズレによるものです。

　こうした固定観念に囚われてしまう**「思考の硬化」**は、年齢とともに経験や知識を積み重ねていけばいくほど起こりやすく、人間である以上、誰しもが避けることのできない事象だといえます[2]。「身近に思い当たる人はいるけど、自分は十分に注意しているから大丈夫だろう」と、そう思ったあなたも例外ではありません。これは決して特定の人だけではなく、誰にでも起こり得る問題なのです。

　「イマドキの若者は……」こんな言葉をあなたも一度は聞いたことがある（あるいは、言ったこともある？）のではないでしょうか。いつの時代も、一説には古代エジプトの時代から、あいも変わらず言われ続けている年長者と若者の価値観のズレを表している代表的なフレーズです。しかし、そんな小言を言っている人たちにも当然、若かった時代があり、そう言われる立場だったこともあるはずです。そして、そのときにはきっと、「大人は若者の価値観を全然わかっていないなあ」と感じていたはずです。にもかかわらず、歳を重ねるにつれてそんなことはすっかり忘れてしまい、いつの間にか「イマドキの若者は……」と言う側になってしまっているのです。

　若者と価値観がズレていること自体は、まったく問題ではありません。

STANCE 1
古い慣習やステレオタイプを押しつけない。

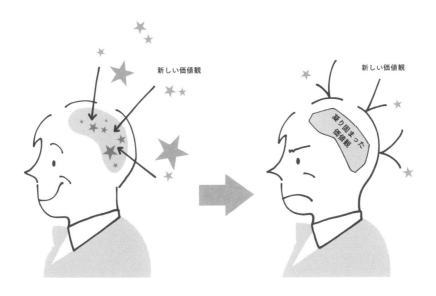

新しい価値観

新しい価値観

凝り固まった価値観

[図01] 思考の硬化が起きていると、新しい価値観を受け入れられない

むしろ、「自分は若者と価値観がズレていない」と思っているようであれば、それこそが思い込みである可能性が高いので注意が必要です。

重要なのは、価値観がズレないことではなく、人間は加齢とともに「思考の硬化」が起こり、知らず知らずのうちに固定観念を形成してバイアスを抱いてしまう生き物であるという前提に立って、自分と若者の価値観には少なからず相違があるものだと認識することです [図01]。

　いまの世の中は日々急速に変わり続けています。上司である「あなたの常識」は古い価値観にもとづいたものであり、それが部下にとっての非常識になってしまっているかもしれない、それをつねに意識して部下と接することが重要なのです。

アクション **1** まとめ

- ・ 自分と他人の価値観は、必ずしも同じではなくズレがある
- ・ 加齢は思考の柔軟性を失わせ、固定観念を形成する
- ・ 部下と話すときは、つねに「価値観が異なるはず」と意識する

アクション **2**

# バイアスを "意識的に" 取り除く。

　自分の価値観と部下の価値観とのズレを認識したらそれで終わり、ではありません。次はズレの根源にある「バイアス」を取り除く必要があります。**バイアスとは、個人や集団がもつある種の傾向や偏りであり、客観的な根拠にもとづかずに特定の見方や意見をもったり、偏った感情を抱いたりすること**を指し、いわゆる「思い込み」や「偏見」、「先入観」などのことを意味します。「ステレオタイプ」などともいいます。このバイアスを取り除くことはとても困難な作業です。

　有名な「天動説と地動説」の話は、バイアスを取り除くことは頭脳明晰な学者でさえも難しいということを証明しているよい例だといえます。現在では、地球が太陽の周りを回っていると考える「地動説」が定着していますが、15世紀ごろまでは「天動説」を信じて疑わない学者が多数派だったため、「地動説」が登場したときは簡単には受け入れられなかったのはよく知られるところです。どれだけ優秀な人たちであってもバイアスに囚われてしまいます。また、常識であればあるほどバイアスが強く働いてしまい、大きな間違いにつながることもあり得るのです。

　自分自身が気づかないうちに生じるバイアスのことを**「アンコンシャス・バイアス（無意識バイアス）」**といいます。このアンコンシャス・バイアスを、意識的に取り除こうとすることがとても重要です。世界的な大企業であるGoogle社では、2013年から社員に対してアンコンシャス・バイアスを取り除くトレーニングを行っており、現在では世界で2万人以上の社員がそのトレーニングを受けているそうです。

　一方、日本企業においては、こうしたトレーニングはまだまだ進んでいないのが現状です。それどころか、かなり少なくなったとはいえ、いまだに一部の職場では女性社員だけにお茶くみをさせていますし、「上司」という立場にあるだけで自分が部下よりも偉いと思い込み、部下に対して不適切なふるまいをする上司も見かけます。そうした職場では、古い慣習を変化させていく雰囲気も仕組みも乏しく、古くなったルールを見直さないまま次の世代に押しつけてしまっているケースも多々あります。

　たとえば、部下から何か疑問を呈された際に「うちの会社は昔からこういうルールだから」という説明をした（もしくは、された）ことはないでしょうか。われわれが高校生から20代社会人までに聞いた調査では、「『これまではこうだったから』と慣習にしたがっているだけでは、アップデートしようとしないただの言いわけに聞こえる」といった厳しい声が約8割もありました[図02]。また、「もう時代は変わったのに、変化に気づけていない大人を見るとかわいそうになる」といった辛辣な声も7割近くに達しています。こんな状況ではバイアスを取り除くどころの話ではありません。

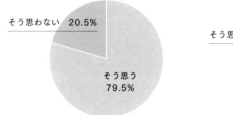

「これまではこうだったから」という慣習にしたがうだけでは、アップデートしようとしないただの言いわけに聞こえる

そう思わない　20.5%

そう思う
79.5%

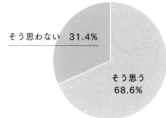

もう時代は変わったのに、変化に気づけていない大人たちを見るとかわいそうになる

そう思わない　31.4%

そう思う
68.6%

[図02] 世代差に対する気持ち
ワカモンまるわかり調査（2021年12月）

STANCE 1
**古い慣習やステレオタイプを押しつけない。**

　バイアスはさまざまなレベルのコミュニケーションに存在しているので、日ごろの些細なしぐさにも注意が必要です。たとえば、部下の発言に対して眉を顰めながら、あるいは腕組みをしながら、さらにはパソコンに目を向けながら聞いてしまったことはありませんか？　これらはあなたが部下に対してもっている無意識の不満が表に現れたものであり、眉を顰めることで不満や不信感を示し、腕組みをすることで距離を取ろうとする意図を表し、パソコンに目を向けることで他のことに集中していることを示しています。根底には、上司である自分の意見や都合を絶対的に優先する考えがあり、これもまた無意識バイアスのひとつだといえるでしょう。

　それらの些細な言動に現れる無意識のバイアスは**「マイクロ・メッセージ」**といい、なかでも否定的なマイクロ・メッセージのことを**「マイクロ・インエクイティ（組織内で起こる小さな不公平行動）」**といいます。たとえ上司にそうした否定的な意図がなかったとしても、部下を精神的に傷つけてしまったり、疎外感を感じさせたりすることもあります。このような状況を放置すると、職場の人間関係が悪化し、部下やチーム全体のパフォーマンスにも悪影響を与える可能性があります。

**マイクロ・インエクイティの事例**
・部下の話を聞くとき、眉を顰めたり、腕組みをしたりする
・部下と話すとき、目線を合わせずに話をする
・部下が提案をしたとき、すぐに否定的な反応を示す
・部下が話をしている間に、話を遮って自分の話をする
・部下の話を軽く流すような反応をする
・部下のアイデアや提案を無視する
・部下の名前を間違えたり、いつまで経っても覚えなかったりする

　こうしたバイアスを"意識的に"取り除くためには、次のような対策が有効です。

① セルフチェック（自己反省）する……自分自身では自覚できていないバイアスが必ず存在するのだと認識し、まずは自分の言葉や行動を振り返って自己反省する習慣をもつことが大切です。
② 決めつけない……「こうあるべき」という絶対的な「正解」などはなく、それぞれの人に違った正解があるものだと考えて、何事も「決めつけない」ことが重要です。あなたの正解は、必ずしも部下の正解にはならないのです。
③ フィードバックを受ける……すべてのバイアスを自分自身で認識するのは非常に難しいため、部下から直接フィードバックを受ける機会を設けることで、自分がもっているバイアスを認識することができます。部下が感じている問題や不満を聞いて、それに対処することで職場の雰囲気が良くなります。

　このような対策を行うことで、少なくとも"無意識的に"価値観のズレを押し付けることは解消されるはずです。

アクション **2** まとめ

- ・ 偏見や先入観（＝バイアス）は無意識のうちに生じている
- ・ バイアスは意識的に取り除く必要がある
- ・ バイアスは些細な行動にも現れる
- ・ 絶対的な正解はなく、人それぞれに異なる正解がある

アクション 3

# 「押しつける」でも「すり寄る」でもなく、「すり合わせる」。

　上司という立場にいるあなたには、何年もかけて積み重ねてきた経験があり、若者には及ばない知恵や技能があることは紛れもない事実でしょう。しかし、それを部下に一方的に押しつけてしまうと、自身の知らないところで**「老害」**として認定されてしまう危険性があります。

　「自分はまだ老害と呼ばれる年齢じゃない」と思った人もいるかもしれません。しかし、老害となってしまう人は必ずしも年長者だけとは限りません。「思考の硬化」によって知らず知らずのうちに形成された固定観念、つまりは「偏見」や「先入観」「ステレオタイプ」といった**バイアスを一方的に押しつけることによって、部下からまったく信頼されずに疎まれる人、これこそが「老害」と呼ばれてしまう人**なのです。

　あからさまに強い言葉づかいで押しつけなくても、けっきょくのところ「いいからやれ」「文句を言わずに黙ってやれ」といった意識が透けて見え、合理的な説明が一切なく、一方的な押しつけで部下に仕事をさせようとする上司も同様です。こうした上司は、たとえ年齢的にはまだ若かったとしても、すでに「老害」や「老害予備軍」である可能性が高いので注意が必要です。

　上司の指示なのだから部下はつべこべ言わずに聞くべきだと思う人もいると思いますが、**上司と部下の関係は、あくまで組織運営における指揮命令系統の話であって役割が違うだけ**の話です。指揮命令をする立場だからといって、態度が偉そうになってもよいというわけでは決してありません。そうした勘違いをしている上司がいたら、間違いなく部下から陰で老害認

定されていることでしょう。

　しかし、年長者の経験にもとづいた知恵や技能を伝達してもらうことによって得られることもたくさんあるはずで、それこそが上司の役割であるともいえます。そもそも、経験値のある上司からの合理的なアドバイスを欲している部下は多いという調査結果もあります。ただし、部下から問いかけられた場合でさえも、回答の態度によっては「押しつけ」と捉えられてしまう危険性があるので注意してください。**自分のやり方や考え方が絶対的な正解だと思って一方的に押しつけてしまわないように意識しながら、部下の選択肢を増やしてあげる感覚で伝える**ことが大切です。そうすれば、自分の預かり知らないところで「老害」と揶揄されることなく、部下からの信頼も得ることができるでしょう。

　誤解してはいけないのは、**決して部下や後輩の価値観に「すり寄る」のがよいというわけではない**ということです。近年では、上司が部下にどう接してよいかわからず、とりあえず褒めておこうといった表層的なコミュニケーションを取ってしまうケースも多く見られます。とくに最近は「Z世代」という言葉だけを覚えて、「すごい！すごい！」と、とりあえず褒めるといった傾向があるのも事実です。これは本当にすごいと思っているわけではなく、「否定してはいけない」といわれすぎている結果であって、世の中の流れの反動とさえいえるでしょう。

　典型的なNGパターンとしてよくあるのは「さすがZ世代だね！」といった褒め方です。これでは素晴らしい理由が「Z世代だから」というその年代の人だったら誰にも当てはまる理由になってしまっていて、部下自身の素晴らしい点を何も指摘できていません。そうではなく、**その部下ならではの具体的な「性格」や「行動」、「成長」や「変化」をピックアップして褒めてあげることが重要**です。そのときは大げさにもち上げすぎることなく、冷

静に伝えてあげましょう。

インターネットやSNSの普及によって情報収集が容易になり、多様な視点や考え方を知ることができるようになったＺ世代は、コロナ禍で自分にとって本当に価値のあるものを見極めて選択していく**「本質回帰」**が加速したこともあって、あらゆる「理不尽さ」に敏感です[図03]。

一方的な「押しつけ」も、根拠に乏しい「賞賛」も、彼らにとってはどちらも理不尽であり、それでは若い世代の部下には受け入れてもらえず、信頼を獲得することもできません。

自分にとって本当に価値のあるものを
見極めるよい機会になった

| 高校生 | 大学生 |
|---|---|
| **69.3**% | **70.3**% |

これからは本当に自分にとって価値のある
モノ・コト・ヒトだけを見極めて過ごしたい

| 高校生 | 大学生 |
|---|---|
| **74.7**% | **82.5**% |

[図03] コロナ禍を振り返っての気持ち
ワカモンコロナ意識調査（2021年1月）

　上司の価値観を押しつけるのでもなく、部下にすり寄るのでもなく、大切なのは、**お互いの価値観の「違い」を認識して「すり合わせる」こと**です。

　たとえば、上司には「仕事を最優先にするのが当たり前である」という価値観があったとします。でも部下にとっては「プライベートの時間がいちばん大事である」ことはよくあります。まずこの「違い」を正確に認識することです。そうすれば「仕事を最優先にすべきであるという価値観を押しつける」のではなく、「部下のプライベートの時間を充実させるために生産性を上げて仕事をしてもらう方法を考える」といった考え方ができるようになるでしょう。

　普段の会話や1on1などの対話のなかから部下の価値観を見つけ出し、その価値観を尊重したうえで、あなたの価値観で譲れない部分を残して指示を出していくのが「すり合わせる」という姿勢になります。

アクション **3** まとめ

- 「老害」は必ずしも年長者とは限らない
- 自分のやり方や考え方が絶対的な正解ではない
- 部下の選択肢を広げるという視点をもつ
- 思考停止で「すり寄る」のではなく、まずは部下に興味関心をもつ

アクション **4**

# リスペクトを忘れない。

お互いの価値観を「すり合わせる」姿勢で部下と向き合う。そのためには、上下ではない**「対等な水平目線（部下を見下ろさない目線）」**で接することが大切であり、また彼らに対する**「リスペクト」**の気持ちを忘れてはいけません。

「部下」という言葉を辞書で調べてみると、「ある人の下に属し、その人の命令を受けて行動する人」だと定義されています。しかし、その定義のとおりに、あなたの「下」にいるだけの人だと捉えてしまっては絶対にうまくいきません。アクション3でも述べたように、上司と部下の関係はあくまで組織運営における指揮命令系統の話であり、役割が違うだけです。決して**あなた個人が偉い人になったわけではない**のです。

また、「リスペクト」の気持ちをもつことは、ハラスメント防止にも有効です。Netflixの制作現場では、撮影前に作品に関わるキャストとスタッフ全員が参加する**「リスペクト・トレーニング」**を行っているそうです。[3] これは対話型のトレーニングで、互いの「尊敬・尊重し合う気持ち」をチームの共通認識としてもつことを目的に導入されています。

たとえば、「ハラスメント」と断定できないようなケースを例に、「それは相手にリスペクトをもって接していることになるのか」といったテーマをチーム全員で議論します。このトレーニングでは、具体的にこの発言はOK、この言葉はNGといったルールを学ぶことがゴールではなく、「相手に敬意をもって尊重するということはどういうことか」を、つねに全員が意識することによって「リスペクト」の力を養うことが重要になります。

　また、近年、年功序列や終身雇用を前提とした「メンバーシップ型」雇用ではなく、職務内容を明確にして専門性を重視する「ジョブ型」雇用が注目されてきています [図04]。

| | メンバーシップ型 | ジョブ型 |
|---|---|---|
| 主要国 | 日本 | 欧米 |
| 考え方 | 人に仕事を割り振る | 仕事に人を割り当てる |
| 人材特性 | ゼネラリスト | スペシャリスト |
| 仕事内容 | 配属・異動人事で決定<br>ジョブローテーションあり | 職務記述書（ジョブディスクリプション）で決定<br>専門性が高く限定的 |
| 配置転換 | 転勤・異動ともにあり | 転勤・異動ともになし |
| 教育 | 社内教育・研修がある場合が多い | 社内教育・研修がない場合が多い |
| 採用方法 | 総合職、新卒一括採用中心 | 専門職、中途・経験者採用中心 |
| 雇用方針 | 終身雇用 | 仕事がなくなれば解雇あり |
| 評価・報酬 | 職能給、年功序列 | 職務給、成果主義 |

[図04]「メンバーシップ型」と「ジョブ型」の雇用形態の違い

　「ジョブ型」では、業務遂行において過度な上下関係は必要とされず、個々人のスキルがいかに発揮されるかが重要になってきます。欧米では「ジョブ型」が主流なのに対し、日本では「メンバーシップ型」の企業が多いのが現状ですが、こうした選択肢が普及していくことで、古い上下関係はどんどん崩壊していくことでしょう。

　こうした変化のなか、いつまでも従来の上下関係に固執していてはいけません。そこからいち早く脱却するためには、部下のことを**上も下もないフラットな関係にある「チームメンバー」であると捉えることが重要**です。

STANCE 1
古い慣習やステレオタイプを押しつけない。

それだけでも「対等な水平目線」で接しやすくなり、彼らと**「向き合う」**
**姿勢**が変わります。

　多くの上司と部下は上下の関係から脱却できず、上司は部下を見下ろし、
部下は上司を見上げる関係性になりがちです。一見すると目線は合ってい
るように見えるかもしれませんが、それでは決して対等にはならず、ちゃ
んと向き合えているとはいえません [図05]。

一見すると目線はあっているが、
見下してしまっている。
ちゃんと向き合えていない状態。

水平に目線が合っている。
ちゃんと向き合っている状態。

立場

[図05]「向き合う」の定義
相手をリスペクトして、対等な水平目線で接すること。

　部下に敬意をもってしっかりと尊重し、「対等な水平目線」で接することによって、はじめて本当の意味で**「向き合う」**ことができるのです。いま一度、あなたは本当の意味で部下と向き合えているのか、考えてみるとよいでしょう。

　互いの価値観にズレがあることを認識してバイアスを"意識的に"取り除き、**「対等な水平目線」で部下をリスペクトしながら、お互いの価値観をすり合わせる。**

　心地いいチームづくりのための「フラット・マネジメント」は、まずここから始まります。

アクション **4** まとめ

- 立場に囚われず、相手をリスペクトする
- 上下に囚われず、一緒に働く「チームメンバー」と捉える

# STANCE 2

## いつまでも「過去の成功体験」に すがらない。

アクション **5**

## 「過去」ではなく「いま」と「未来」の話をする。

　「昔は深夜残業が当たり前だった」「〇〇時間、〇〇日間連続で働いた」「休日でも対応できるように、いつも準備していた」といった寝てない自慢や、「新入社員は朝いちばん早く来るのが当たり前だ」「固定電話の時代は、新入社員が瞬時に電話に出るのが当たり前だった」といった“新人は〇〇をやるべき論”を、ついつい口にしてしまったことはないでしょうか。

　長時間労働や休日出勤の話も、新人がやるのが当たり前だった話も、話し方次第では、おもしろい思い出話にはなるかもしれませんが、部下にとってはあくまで過去の話にすぎません。このように「過去」を一方的に語って押しつけるだけの人は、前項で述べたように、部下からまったく信頼されずに疎まれる「老害」として扱われてしまう危険性があります。

　「フラット・マネジメント」が実践できない上司には、じつは共通する特徴があります。それは過去に強烈な成功体験があるという点です。過去に**成功体験がある優秀なビジネスパーソンほど自分が優秀で正しいと思い込んでしまい、無意識のうちに部下に自分の価値観を押しつけがち**なのです。

　たとえば、優秀なビジネスパーソンは丁寧に指示がなくとも自ら考えて仕事を推進できる人が多いと思います。それゆえ、マネジメントする立場になっても、そのスタイルが正しいと思い込んでしまい（あるいはそのス

タイルしか知らず）、部下に対して丁寧に指示をしないことが往々にしてあ
ります。しかし、いまの若者は無駄を嫌い、合理的な説明を求める傾向が
強くみられます。これは、後述する若者における時間価値の高まりや（p.076
参照）、インターネットやSNSによって求める情報を簡単に入手できるよ
うになったことが影響しています。

　ところで、少し前に話題になった「親ガチャ」という言葉をご存知でしょ
うか。これはスマホゲームでアイテムを引く際に何が出るかわからない「ガ
チャ」の仕組みになぞらえて、子どもが親を選べないということを皮肉っ
たものですが、最近では、配属先を選べない「配属ガチャ」、さらには上司
を選べない「上司ガチャ」という言葉まで登場しています。
　ある調査データによると、**ハズレだと思う上司の特徴の１位は「指示がわ
かりにくく一貫性がない」**でした [図06]。つまり、部下から「上司ガチャに
外れてしまった……」と言われてしまう危険性が高い上司にこそ、過去の
強烈な成功体験があり、そこから脱却できずに指示や説明ができていない
タイプが多いのです。
　「勉強ができない人のほうが、できない人の気持ちがわかるから教えるの
が上手である」といった話を耳にしたことがあると思いますが、それに少
し似ているかもしれません。優秀なビジネスパーソンが必ずしも優秀なリー
ダーであるとは限らないのです。

STANCE 2
いつまでも「過去の成功体験」にすがらない。

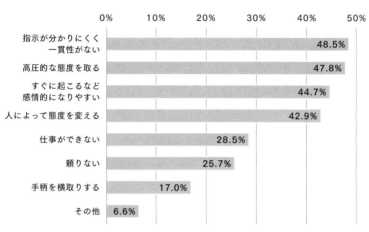

[図06]「上司ガチャ」にはずれたと感じた上司の特徴
株式会社アッテル「上司ガチャ実態調査」

　上司の側からすれば「こっちだって部下ガチャだ！」と言いたくなる気持ちもわかりますが、心地いいチームをつくりたいのであれば、それをいっては何も始まりません。どれだけプレイヤーとして優秀なビジネスマンだったとしても、**リーダーになったいまは、逆にその優秀さが足枷になる可能性が高い**ことを認識して、過去の成功体験から脱却する必要があります。

　そのためには、**「いま」や「未来」に活かすための手段として過去の成功体験を活用するという意識が重要**です。たとえば、

> 深夜残業までしてクライアントのために資料を作成し、
> 結果として大きな売上につながった。

という成功体験だった場合、そのまま伝えても、部下からすると過去の自

慢話をされているとしか感じず、まったく心に響きません。この場合は、次のように伝えるとよいでしょう。

> クライアントのためにどのような提案が必要かを丁寧に考え抜き、データ収集も手を抜かずに十分な時間をかけたことで資料の説得力を上げることができた。結果としてクライアントからも感謝され、大きな成果につながった。

　深夜残業自体は肯定せず「クライアントのためにどれだけ考え抜くことができたか」が成功の要因だったというように、より再現性のある本質的なポイントにフォーカスして伝えるのがポイントです。「クライアントのために考え抜くこと」は、部下も納得して実践することができ、彼らにとって価値のあるアドバイスになります [図07]。

| 過去の成功体験をもとづいた言い方<br>〈自慢話〉 | 再現性があり部下にとって<br>価値のある言い方〈アドバイス〉 |
|---|---|
| 飲みニケーションで<br>仕事を生み出した | 丁寧な信頼関係の構築で<br>仕事を生み出した |
| 土日も返上して働くことで<br>成果を上げることができた | 妥協せずに十分な時間をかけて準備をする<br>ことで成果を上げることができた |
| とにかく飛び込み営業で<br>仕事を生み出した | 足を使って数を経験することで<br>仕事を生み出した |
| 上司の残業に付き合うことで<br>仕事のスキルを盗んできた | 上司の良いスキルを<br>効率よく学習してきた |
| 休まず働き続けることで<br>誰よりも成長できた | たくさんの経験を積むことで、<br>誰よりも成長できた |

[図07] 部下の「いま」と「未来」に役立つ伝え方

STANCE 2
いつまでも「過去の成功体験」にすがらない。

「いま」や「未来」に活かせない過去の成功体験の話など、部下にとっては何の価値もありません。過去の話をする際には、**部下がそれを聞いたときに、「いま」や「これからの時代」にどう活用できるのか、ということをしっかりと言語化し、「再現性」を担保する**ことがとても大切です。

アクション **5** まとめ

- 自らの成功体験にすがらない
- 優秀なプレイヤーが必ずしも優秀なリーダーとは限らないので、立場が変わっていることを意識する
- 過去の体験を「いま」と「未来」に活かす

アクション **6**

# 自分の「成功」ではなく「失敗」に目を向ける。

　部下が活用できる上司の過去の経験は、なにも成功体験に限った話ではありません。SNSが普及したいま、世の中には発信者に都合よく加工された情報、いわば"盛られた"成功体験があふれかえっていて、そうした環境で育ってきたイマドキの若者は、できすぎた体験談にはとても疑い深くなっているといえます。情報取得が容易になったことで、嘘はすぐに見抜かれてしまうのです。

　こうしたことから、彼らには、**脚色されている可能性のある成功体験談より、本音で語られる等身大の失敗談のほうが親近感を与えられて共感されやすい**傾向にあります [図08]。

[図08] 本音で語るほうが
共感されやすい

そうした世の中の価値観を汲み取って一躍人気となったのが『しくじり先生　俺みたいになるな！！』（テレビ朝日）というテレビ番組です。「人生を最大にしくじった人から『しくじりの回避法』を学ぼう！」をコンセプトに、「しくじり先生」が番組オリジナルの教科書を開きながら、授業を行う番組です。過去の武勇伝のような成功体験談よりも、失敗談のほうが親近感をおぼえて共感できることが多く、視ている側も楽しみながら教訓を得ることができるからこそ、長年人気を博しているといえるでしょう。

同じように、「こんな成功をしてきたのだから、君もどんどん成功できるように頑張って」と言われるよりも、**「こんな失敗してもやってこられたのだから、君もどんどん失敗して頑張って」**と言われるほうが、部下からするとよっぽど信頼できます。

いまの若者は、SNSで他人の成功体験談にたくさん触れるようになった影響もあり、極端に失敗を嫌う傾向がみられます。そんな彼らに対して成功体験談を伝えてもプレッシャーを与えてしまうだけです。逆に、失敗を嫌う世代だからこそ上司の失敗談は励みになり、失敗したとしても「この上司なら温かく受け止めてくれる」と思えるようになって安心感につながるのです。

アクション5でも述べたように「再現性」を意識しながら、部下が今後に活かせる失敗談を伝えてあげましょう。そして、部下が失敗したとしても決して見捨てずに温かく受け止めてあげる懐の深さをもってください。そうやって**自分を土台にして部下の成長を下支えできる上司が、心地いいチームをつくることができる**のだと思います。

アクション **6** まとめ

- 脚色された成功体験より、等身大の失敗談を語る
- 成功を求めるよりも、「失敗してもよい」と伝える
- 部下の成長を下支えできる上司こそ信頼される

思考

**2**

## 会社の都合より
## 部下自身の「納得解」

〜出世したがるのは上司だけ〜

# STANCE **3**

## 「会社の都合だけ」で動かそうとしない。

# STANCE **4**

## 「納得解」を見つけ出す。

## STANCE 3

# 「会社の都合だけ」で
# 動かそうとしない。

アクション **7**

## 「会社のため」よりも「部下自身のため」を考える。

　日本経済が右肩上がりに成長を続け、終身雇用で給与も安定して上がっていた時代においては、会社のために働くこと＝そこで働く人の「正解」でもあり、会社に尽くす価値観は間違いなく「美徳」とされていました。それゆえ、「先輩よりも早く帰るのは失礼だ」とか「会社のためならどんなに残業をしてでも働くのが普通だ」とか「有給休暇はそもそも取得できないものである」といった考え方が当たり前になっている会社がたくさんありました。いまでもそういった社風の会社は少なからず残っています。

　しかし、いまの若者にそれは通じません。彼らは世界的な不況やテロ、未曽有の災害などを目の当たりにし、倒産するはずがない企業の倒産を目撃し、変わらないと思っていた生活の変化を体験していて、そもそも「当たり前」という概念が通用しない世代であるといえるからです。「当たり前にそうであるはずのもの」を疑う力をもっている、と言い換えることもできます。**大人が誰も疑わないような「前提（＝当たり前）」を疑う力が強い**のです。そして、長期的な雇用と安定した給与アップがあるという前提が揺らぎつつあるいま、彼らはすでにこの前提を疑いながら会社に入ってきています。

　われわれの調査でも、高校生の時点で半数近く、大学生では半数超が社

会社に頼らずに生きていけるようにならなければ
という危機感がある

| 高校生 | 大学生 |
|:---:|:---:|
| **49.2**% | **53.0**% |

[図01] キャリア・自己実現に対する意識
ワカモンまるわかり調査 (2021年12月)

会に出る前から「会社に頼らずに生きていけるようにならなければという危機感」をもっている、という結果が出ています [図01]。

　そんな若者たちのなかに、「**会社中心**」という考え方をする人はもはやほとんどいません。バリバリ働きたい若者もたくさんいますが、そうした人であっても、会社のために働きたいというよりは、副業やマルチな働き方をしながら自分自身の成長のために働きたいという意識が強くなってきています。これは「会社中心」ではなく「**仕事中心**」であるといえるでしょう。
　また、コロナ禍で外出できない期間が長期化したことで、改めて家族に目を向ける機会が増え、家族を大事に考える人もとても多くなりました。われわれが2020年4〜5月の外出自粛期間中の気持ちについて行った調査では、全体で71.2%の人が「家族や友人など、身近な人への感謝や思いやりがもてるようになった」と回答しています [図02]。こうしたことからも、家族を含め仕事以外の時間をもっとも大事にする「**プライベート中心**」の考え方も広がってきているといえます。

いままで自分が我慢して合わせて
いたことに気づかされた
（人間関係、社会のルールなど）

そう思う
**50.9**%

自分にとって本当に価値のあるものを
見極めるよい機会になった

そう思う
**68.8**%

家族や友人など、身近な人への感謝や
思いやりがもてるようになった

そう思う
**71.2**%

[図02] 外出自粛についての気持ち
ワカモンコロナ意識調査（2020年6月）

　「仕事中心」であっても、「プライベート中心」であっても、会社の仕事を蔑ろにするということではありません。しかし、会社の仕事のために何かを犠牲にして無理をするという価値観は確実になくなってきています。**会社の仕事を頑張るのは、「会社のため」ではなくあくまで「自分のため」**です。昔は「会社のために働けば自分のためになっている」という順序でしたが、いまは**「自分のために頑張って働いた結果、会社のためになっている」**という順序になっています。

　にもかかわらず、いまだに「会社のために働くことは当たり前」というス

タンスで部下に指示しているようであれば、これは注意が必要です。とくに多くの上司が無意識のままやってしまっているのが、「売上などの成果目標を部下の第一ミッションに設定している」ということです。

　会社の売上のような数字ベースの成果目標は、「会社中心」の考え方の代表例です。もちろん、数字として目標を立てておくことは重要ですが、「この売上目標（成果目標）を達成するために頑張れ」では部下は動いてくれません。無理矢理に動かすことができたとしても、長続きはしないでしょう。

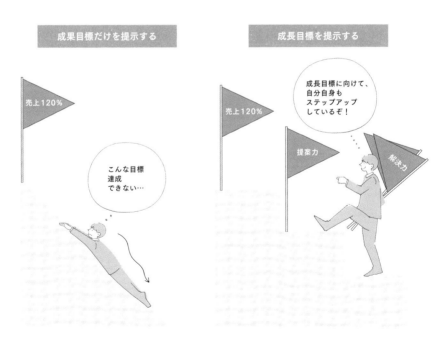

[図03] 成長目標を設定し、自分の成長のために頑張った結果、会社のためにもなっている

　それよりも重要なのは、部下自身の**「成長目標」**です。たとえば、BtoB企業の営業部門であれば「クライアントの扱い数字を120％にする」ではなく「クライアントのキーマンを納得させられる提案力を身につける」や「クライアントが困ったときに最初に相談してもらえるよう、信頼構築力を身につける」などと設定します。この成長目標とセットで数字ベースの成果目標を立てておくのです。売上120％にするという**成果目標は成長目標を達成した先にあるものだと捉えること**が重要です [図03]。

　主語を会社から部下自身に置き換えて目標設定を行うだけで、取り組むモチベーションが変わってきます。会社の成長は、部下が成長した先にあると考えましょう。

アクション **7** まとめ

- 仕事を頑張るのは、「会社のため」ではなく「自分のため」
- 上司が設定すべきは「成果目標」ではなく、部下の成長を想う「成長目標」
- 「自分のため」が、結果的に「会社のため」になる

アクション **8**

# 出世よりも他社でも使える
# ポータブルスキルを意識する。

　2021年12月にわれわれが実施した調査で、**出世したくないと回答した20代の若者が69.6%にも上り、また別の調査でも77.6%もいた**[4]という結果が話題になりました[図04]。

上級管理職や役員を目指したい

**[図04] キャリア・自己実現
に対する意識**
ワカモンまるわかり調査
（2021年12月）

そう思う
30.4%

そう思わない
69.6%

　また、われわれが実施した調査では、「就職した企業で仕事にやりがいを感じられなかったら3年以内に退職する」と考えている学生が8割以上もいました[図05]。

　いまの若者は「**石の上に3年も待てない**」のです。

STANCE 3
「会社の都合だけ」で動かそうとしない。

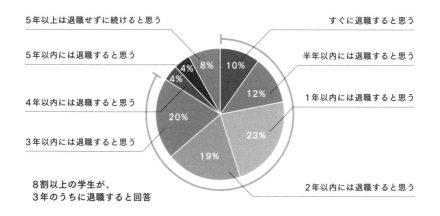

就職した企業で仕事にやりがいを感じられなかったら、
あなたはどの程度で退職すると思いますか？

- 5年以上は退職せずに続けると思う
- すぐに退職すると思う
- 5年以内には退職すると思う
- 半年以内には退職すると思う
- 4年以内には退職すると思う
- 1年以内には退職すると思う
- 3年以内には退職すると思う
- 2年以内には退職すると思う

4% / 4% / 8% / 10% / 12% / 23% / 19% / 20%

**8割以上の学生が、
3年のうちに退職すると回答**

[図05] サークルアップ調査（2020年2月）

　そんな彼らに対して、「この案件は出世につながるから〜」とか「上に上がるためには〜」とか「この会社で評価されるには〜」などと言っても、「それなら頑張ろう！」となるはずがありません。むしろ、こうした言葉を聞いた瞬間、部下にとっては他人事になってしまいます。そうではなく、部下にはちゃんと「自分ゴト化」してもらう必要があります。

　一生いるかどうかもわからない会社のために、自分を犠牲にしてまで出世したい若者はほとんどいません。転職や副業が当たり前になり、これから先もどんどん人材流動性が高まっていく時代において、いまの若者は**その会社で通用する（出世する）よりも、どの会社に行っても通用するスキルを身につけることのほうが大事**だと考えています。これを**「ポータブルスキル」**といい、次のようなものが挙げられます。[5]

- コミュニケーション能力……話すこと、聞くこと、書くことなど、効果的なコミュニケーションができる能力。
- プレゼンテーション力……グループや個人に向けての説明、アピール、話し方などのスキル。
- 論理的思考力……データや情報を分析し、結論を導くために適切な方法を使って思考する力。
- 問題解決力……課題を把握し、効率的かつ適切な解決策を見つける力。
- チームワーク力……他の人と協力して仕事を行う力。
- プロジェクトマネジメント力……プロジェクトの計画、実行、評価を行う力。
- 交渉力……相手の意見を理解しつつ、自分の意見を説明して両者の意見を尊重しつつ妥協点を見つける力。
- データ分析力……データを収集・分析して有用な情報を抽出し、判断し、決定する力。

　こうした意識の広がりは、新卒の就職活動にも変化をもたらしており、これまでの就職活動が「就“社”活動」になっていたのに対して、本当の意味での「就“職”活動」になってきています。「どの会社に入るか」よりも「どの職種でどういったスキルを身につけるか」が重要なのです。

　こうした考え方を理解したうえで、部下とコミュニケーションを取るときには、「その会社でどうなりたいか」ではなく、「ビジネスパーソンとしてどうなりたいか」を問うという視座をもって接することが必要です。具体的には、**「〇〇力を身につけるために〜」という枕言葉を使ってみる**とよいでしょう。営業部門であれば「プレゼン力を身につけるために毎週クライアントに何か1つ提案してみよう」だったり、マーケティング部門であれば「データ分析を鍛えるためにこの定量調査をやってみよう」といったよう

に、**その仕事をやることで身につけられるポータブルスキルを言語化してあげる**だけで、部下の成長を考えて仕事を任せている上司だということがちゃんと伝わるはずです。

　出世がどうこうよりもまず、部下に成長を実感してもらうことが大切なのです。「いいからやれ」ではなく、この仕事に向き合ったことで得られるスキルや経験が、どのように意味があるのかを具体的にすることは、手間のかかる面倒な作業ではありますが、その1つのアクションがあることで、部下の納得感は大きく変わります。

アクション **8** まとめ

- ・ 同じ会社に一生いるかどうかはわからない、という感覚をもっていることを理解する
- ・「その会社でどうなりたいか」ではなく、「ビジネスパーソンとしてどうなりたいか」
- ・ どこに行っても使えるポータブルスキルが重要

STANCE 4

# 「納得解」を見つけ出す。

アクション

## 「やらされ仕事」をゼロにする。

1980年代ごろまでの日本では、ハードワークで長時間労働も厭わず会社のために働く社員は「**企業戦士**」と呼ばれ、企業や社会から重宝されていました。そうした企業戦士が日本の高度経済成長期を支えたといっても過言ではありません。しかしバブル崩壊後、そうした企業戦士は「**社畜**」と呼ばれるようになり、ネガティブな表現で描かれるようになっていきます。海外では、資本主義社会で賃金のために働く労働者を奴隷に喩えた「**wage slave(賃金奴隷)**」という言葉もあるほどです。会社の売上のような数字ベースの「成果目標」しかないような成績第一主義の会社は、まさにそれを体現してしまっている古い会社であるといえるでしょう。

前項では、「成果目標」だけでなく**部下自身の「成長目標」を設定する必要があると述べましたが、それは、部下自身に「納得できるやる意味」を感じてもらう必要があるからです**。この「納得できるやる意味」のことを、われわれは「**納得解**」と呼んでいます。いまの若者は、何かを選択する際に、この「納得解」を重要視します。

たとえば、上司が部下に仕事を指示するとき、「なぜこの仕事をあなたにやってほしいのか、そこにはどんな意味や意図があるのか」ということを

しっかりと伝えないと、表面上は「わかりました」と言って受け入れているように見えたとしても、内心では納得できていないがゆえに「これって自分にとって本当にやる意味あるのかな？」と思われているかもしれません。仕事を遂行する意味を納得しないままではやる気も出ず、とりあえずタスクをこなしただけの中途半端なアウトプットになってしまう危険性があります。

　こうした状況を避けるためには、部下自身の納得解を把握したうえで丁寧に仕事を指示することが重要です。そうすることで、**仕事に対する能動性を引き出せる可能性が高くなる**といえます。

　部下の納得解を見つけるためにもっとも重要なことは、**一人ひとりのことをよく理解し、その部下が納得するポイントを捉えること**です。その理解が浅いまま、上司や会社都合の「やる意味」を伝えたところで、部下にはまったく響かず、納得することはできないでしょう。

　「そうはいっても、どうやって部下のことを理解すればよいのだろうか」と悩む上司の方も多いと思います。日々のコミュニケーションのなかで徐々に彼らのパーソナリティや価値観を理解していくのが理想的ではありますが、テレワークなどの普及によって対面での接点が少なくなった昨今、コミュニケーションを取ることがより難しくなっている状況もあるでしょう。

　しかし、そうした環境下にあるからこそ、できるだけ部下のことを理解するための努力が必要です。そのために把握しておくとよいのが、彼らのモチベーションを高める要因となる**「モチベーションの源泉」**です。彼らが生まれてから現在にいたるまでの人生において、何にモチベーションが高まったのかを「＋」、逆に何に下がったのかを「－」として、具体的なエピソードを時系列に沿って、それぞれ上位5つ程度を聞いてみるとよいでしょう[図06]。

　ここで挙がったエピソードについて、「なぜモチベーションが上がったのか、あるいは下がったのか」、「何が嬉しかったのか、あるいは辛かったのか」と細かく丁寧にヒアリングをして深掘りしていくことで、どういったポイントにモチベーションを感じてくれるのか＝部下の納得解がどこにあるのかを、紐解いていってみてください。

| モチベーションの源泉（＋） | | |
|---|---|---|
| | いつ | 具体的なエピソード |
| ① | | |
| ② | | |
| ③ | | |
| ④ | | |
| ⑤ | | |

| モチベーションの源泉（－） | | |
|---|---|---|
| | いつ | 具体的なエピソード |
| ① | | |
| ② | | |
| ③ | | |
| ④ | | |
| ⑤ | | |

[図06] モチベーションを高めた要因、下げた要因を可視化する

　とはいえ、日々のコミュニケーションが取れていない状況で、プライベートに関わる過去の人生について、いきなり話を聞くのは難しいでしょう。まずは、なぜ「モチベーションの源泉」を把握したいと思っているのかを丁寧に説明し、部下の希望に合わせて話の範囲を仕事上に限定するなど、お互いの認識を「すり合わせる」ことが大切です。時間や予算に余裕があれば、ワークショップ的に実施するのも有効でしょう。

　部下のモチベーションの源泉を知って、彼らの納得解を把握したうえで丁寧に仕事を指示することで、たんなる**「やらされ仕事」**から**「やりたい挑戦〜チャレンジ〜」に変換することができる**はずです。

アクション **9** まとめ

- ・　納得できるやる意味＝「納得解」が重要
- ・　「納得解」があることで、仕事に対する能動性を引き出せる
- ・　納得するポイントは一人ひとり違っている

アクション**10**

## 「チームの納得解」を整理する。

　部下一人ひとりの「納得解」を把握したら、次はその**メンバーが集まった**
**「チームの納得解（チームとして納得できる取り組む意味）」を整理する**必要
があります。チームの「納得解」は、経営学者のピーター・ドラッカーが提
唱したいわゆる**「ミッション」「ビジョン」「バリュー」**のフレームワークで
整理するとよいでしょう [図07]。これらは企業がそれぞれに目指すべき北極
星ともいわれ、どの立場の社員からも見上げることができる大きな指針と
なるものです。優れた企業には必ず何らかの指標や目指すべき目標があり
ます。

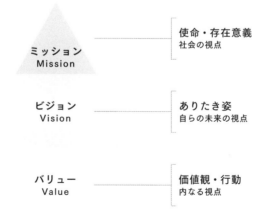

ミッション
Mission

使命・存在意義
社会の視点

ビジョン
Vision

ありたき姿
自らの未来の視点

バリュー
Value

価値観・行動
内なる視点

[図07] MVV（ミッション・ビジョン・バリュー）の定義

● 「ミッション」事例：東京ディズニーリゾート

　東京ディズニーリゾートでは、パーク内で働くアルバイトのことを「キャスト」と呼んでいます。たんなるアルバイトではなくこの夢の国のキャスト（＝演じている人）であるというメッセージになっていて、これによって、キャストとして「お客さまであるゲストにハピネスを提供する」というミッションがしっかりと浸透しています。[6]

　たとえば、パーク内の掃除をするスタッフも清掃係ではなくカストーディアルキャストと呼ばれ、パーク内を清掃するだけにとどまらず、ほうきを濡らして水で地面にディズニーキャラクターを描くカストーディアルアートというサプライズを提供しています。ミッションが明確だからこそ、キャスト全体として「どう行動すべきか」というチームの「納得解」が明確になっています。

● 「ビジョン」事例：電通若者研究部　ワカモン

　続いては、われわれワカモンの事例です。ワカモンでは**「若者から未来をデザインする」**という「ビジョン」を掲げています。これによって、たんなる世代論やトレンドの把握として若者を研究するのではないことがチーム内で明確になりました。**「若者＝最初に新しくなる人たち」**と定義することで、若者から将来の社会のスタンダードになり得る新しい価値観の兆しを捉えようというスタンスが生まれ、それをメンバー全員が共有して活動することで、チームとしての意思統一ができています。

● 「バリュー」事例：メルカリ

　メルカリが提唱している「Go Bold（大胆にやろう）」、「All for One（すべては成功のために）」、「Be a Pro（プロフェッショナルであれ）」という3つの「バリュー」は、まだ社員が10人ほどの時期に策定されたそうで、早

い段階からこのバリューを提唱することによって、社員数がどんどん増えていっても、チームとして大事にするべき価値観をしっかりと浸透させ続けることに成功しています[7]。さらに、社内にとどまらず社外の人にも広く認知されることで、このバリューに共感してメルカリに入社する人も多く、採用活動を支える大きな柱にもなっているようです。

あなたのチームにおいても「ミッション」「ビジョン」「バリュー」を言語化して明確にすることができれば、チームとして目指すべき方向が定まります。それによって、メンバーそれぞれが納得度高く働くことができ、心地いいチームに近づくことができるでしょう。

では、具体的に「ミッション」「ビジョン」「バリュー」を設定するうえで大切なポイントや注意点などをみていきます。

まず「ミッション」です。これは企業のレベルでいうと、社会のなかで果たしたい役割や存在意義を定義したものになります。しかし、チームの規模になった途端、本来のミッションのあり方を見失ってしまうケースがよくあります。たとえば「うちの部の今期のミッションは売上〇〇円の達成です」といったように、たんなる数字ベースの成果目標をミッションに据えてしまうケースです。こうしたミッションではメンバーのモチベーションを高めることはかなり難しいでしょう。売上など数字の成果目標ではなく、会社としてのミッションと照らし合わせながら、チームとして**「社会に対してどういった価値提供をしていきたいのか」**という点をしっかりと整理して、ミッションに反映していくことが重要だといえます。

次に「ビジョン」です。これはチームとして目指すべき理想の姿を定義したものになります。**「中長期的にチームとして何を成し遂げたいのか」**という各メンバーの想いをしっかりと聞いたうえで、きちんと意思統一ができ

る言葉で設定することが重要です。チームが一つになるためには、このビジョンの設定がとても大切になってきます。メンバーが共通の目標をもつことによって、単独ではなくチームとして行動できるようになり、より多くのことが達成できるかもしれないと感じられるようになります。そして、チームはより高い目標に向かって力を合わせて進んでいくことができるのです。

　そして「バリュー」は、チームとして大切にしたい価値観を定義したものです。これはチームの一員として働くうえでの行動指針となるので、より「自分ゴト化」してもらうためにも、メンバーそれぞれに**「このチームでどう働きたいのか」**を考えてもらい、それらをチーム内で共有しながら、大事にしたい価値観やバリューになるキーワードをピックアップして、チーム全体ですり合わせていくとよいでしょう。

　「チームの納得解」は、これら「ミッション」「ビジョン」「バリュー」の整理を丁寧に行い、言語化することで見えてきます。

アクション **10** まとめ

- 個々人の納得解を踏まえ、チームとしての納得解を整理する
- チームとしての「ミッション」「ビジョン」「バリュー」を共有する

思考
**3**

# 費用対効果より時間対効果

〜あなたとの食事はお礼にならない〜

## STANCE **5**

### タイムパフォーマンス（タイパ）志向を理解する。

## STANCE **6**

### 「習うより慣れろ」より「慣れろより教えろ」。

## STANCE 5

# タイムパフォーマンス（タイパ）志向を理解する。

アクション **11**

## コスパよりタイパを意識して接する。

　あなたは **「タイムパフォーマンス（タイパ）」** という言葉をご存知でしょうか。これは「コストパフォーマンス（コスパ）」をもじった言葉で、コスパが投下した費用に対してどれだけのリターンがあるかという「費用対効果」を表すのに対して、**タイパは投下した時間に対してどれだけのリターンがあるかという「時間対効果」を表しています。** われわれ電通若者研究部　ワカモンでは、数年前からこの概念を提唱してきましたが、最近になって、Z世代の象徴的な価値観としてさまざまなメディアで取り上げられるようになり、2022年12月に三省堂が発表した「今年の新語2022」の大賞にも選ばれるほど一般的な言葉になりました。[(8)]

　若者の **「タイパ志向」** にもっとも影響しているのが、情報流通量の増大です。インターネットやSNSの普及によって、情報流通量がこの20年で激増（一説には、1日の情報量が江戸時代の数年分に匹敵するという話も！）する一方、人間の情報処理能力には限界があるため、情報消費量はそれほど変化がなく、処理できない情報が増え続けていきます [図01]。

　こうした背景から、いまの若者は **「情報スルー力」** がとても高く、もはや **情報は「自ら探しにいくもの」ではなく、「届いたなかから選んで捨てるもの」になっている** といえます。

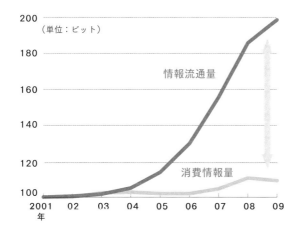

[図01]「平成23年版情報通信白書」情報流通インデックス
2009年の時点で、すでに増え続ける情報量を消化できなくなっている状況が明確になっている（総務省、2011年）。

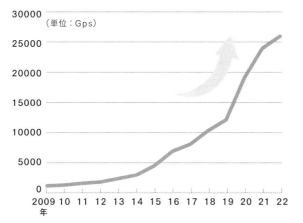

[図02]「我が国のインターネットにおけるトラヒックの集計・試算」
インターネット（ダウンロード）だけに絞ってみても、指数関数的に情報量は増え続け、2009年から2022年にかけてトラフィック量は約24倍に（総務省、2022年5月）。

　それゆえ、当然1つのコンテンツに使う時間の占有率は低下しており、1日24時間という限られた時間のなかで膨大な量の情報やコンテンツを取捨選択して消費しなくてはならないため、若者の貴重な可処分時間をめぐって、時間の奪い合いが起きています [図02]。

STANCE 5
タイムパフォーマンス（タイパ）志向を理解する。

　こうしたことを背景に、若者の間では**「イントロのない音楽」**が好まれたり、動画の再生速度を上げて視聴する**「倍速視聴」**や第三者が要点だけまとめた**「切り抜き動画」**が流行ったりしています。いまの若者は、いまの上司世代が若かったころよりも多くの情報を浴びて処理をしており、実態として、とても忙しいのです。

　そんな忙しい若者である部下の時間を拘束するときには注意が必要です。たとえば、部下を労うために「今日はオレが奢るからメシに行くぞ！」と言って、なかば強制的に誘っている上司を目にしたことはないでしょうか。これはまさに「奢り」が「驕り」につながってしまっている典型的なNGパ

ターンです。たしかに、奢ってもらえるなら部下にとってはコスパが良い話ではありますが、それだけで彼らが喜ぶと思ったら大きな間違いです。

**あなたとの食事は、部下にとってタイパが良いものなのでしょうか？**

部下は貴重な時間を割いてあなたと食事に行くことになるので、その時間に見合ったリターンが必要になります。昔は、そのリターンが上司に奢ってもらえるタダメシだったわけですが、若者の時間価値が向上したいまの時代において、そのリターンだけでは釣り合いが取れなくなってきています。貴重な時間を無駄にしてまで、気を遣わないといけない上司とご飯を食べに行き、そこでまた仕事の話や聞きたくもない過去の武勇伝のような話を聞かされるのだとしたら、部下からしたら苦行以外の何物でもありません……。

では、どうしたら部下は上司であるあなたと食事に行ってもよい、さらには行きたいと思ってくれるのでしょうか。大事なのは、アクション４「リスペクトを忘れない。」で述べた「対等な水平目線」を忘れずに、部下の意見を尊重しながら、あなたの話を聞かせるのではなく部下の話に興味関心をもって聴くことです。そして、**部下の抱えている悩みや課題意識を引き出すこと**ができれば、信頼関係を築けているといえるでしょう。

**部下の話を聴く際に大事な３つのポイント**

① **部下の意見を尊重すること**……部下の意見を尊重して、頭ごなしに否定しないことが大切です。

② **感謝の意を示すこと**……悩みなど仕事中には話しづらい話を打ち明けてくれていることに対して、感謝の意を示すことが大切です。

③ **質問すること**……部下が話すことに興味があることを示し、彼らのことをよく理解するためにも質問することが大切です。

STANCE 5
タイムパフォーマンス（タイパ）志向を理解する。

リモートワークが増加している昨今、社内コミュニケーションが減って、悩みを共有できずに苦しんでいる若手社員が増えているという問題が、多くの企業で課題となっています。部下との食事は、そうした課題を解決するチャンスでもあります。部下がタイパを気にしているといっても、**自分の悩みを解決しようと気にかけてくれている（＝費やした時間以上のリターンをくれる）上司であれば話は別**です。

「奢ってやるだけありがたいと思え」という古い考え方は捨てて、「**部下に対して、食事の時間で与えられるタダメシ以外のリターンは何があるだろうか？**」ということを意識したうえで食事に誘うとよいでしょう。

アクション **11** まとめ

- 費やした時間（タイム）に対して、どれだけの効果（パフォーマンス）があるかが重要

- 若者にとって、情報は「自ら探しに行くもの」ではなく「届いた中から選んで捨てるもの」

- 部下との食事では、相手に「自分の話を聞いてもらえる貴重な時間」と感じてもらう

アクション **12**

## 「生産性」を評価する。

　内閣府のデータによると、日本の人口は2026年に1億2000万人を下回り、2060年には9000万人を割り込んで8674万人になると推計されています [図03]。

　そのなかでも、労働する能力と意思をもつ人の数を表した**生産年齢人口**（15〜64歳）は、2060年には4418万人にまで減少することになります。2020年の7340万人からみると約3000万人の減少で、40年間で約4割もの人口が減少する事態になります。

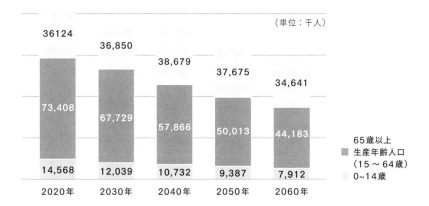

[図03]「平成29年版高齢社会白書」年齢区分別の将来人口推計
生産年齢人口は大幅減少傾向に（内閣府、2022年）

STANCE 5
タイムパフォーマンス（タイパ）志向を理解する。

　人口減少、少子高齢化が進むことによって、働く現役世代の負担はますます大きくなっていきます。人口が減少してもロボットやデジタルテクノロジーを活用して代替すればよいという声もありますが、やはりそれだけでは不十分でしょう。産業用ロボットの活用は製造業を中心に拡大しているものの、その他の業界では思ったよりも導入が進んでいないのが現状です。人口減少を補うには、こうしたテクノロジーの導入促進に加えて、やはり**一人ひとりの「生産性」の向上が不可欠**だといえます。

　しかし、（公財）日本生産性本部が2021年に発表した日本の「1人当たり労働生産性」は、OECD加盟38カ国中28位、主要先進7カ国では万年最下位となっています。**日本は世界的に見ても生産性が著しく低い国といわざるを得ない状況**なのが実態です［図04］。

　その原因として、これまでの日本人の働き方が影響しているといえるでしょう。右肩上がりの高度経済成長期のころは、残業も厭わず長時間労働できる人ほど高く評価され、ともすれば収入アップや昇進においても有利になるというのが当たり前の会社が多数存在していました。

|  | 1990年 | 2000年 | 2010年 | 2020年 |
|---|---|---|---|---|
| 米国 | 2位 | 2位 | 3位 | 3位 |
| フランス | 7位 | 9位 | 8位 | 8位 |
| イタリア | 4位 | 4位 | 7位 | 14位 |
| ドイツ | 5位 | 13位 | 15位 | 15位 |
| カナダ | 10位 | 14位 | 16位 | 17位 |
| 英国 | 17位 | 17位 | 18位 | 19位 |
| 日本 | 16位 | 20位 | 21位 | 28位 |

［図04］1人当たり労働生産性、主要先進7ヶ国の労働生産性順位の変遷
（公益財団法人日本生産性本部、2022年）

　たとえば、成果が同じであれば長時間働いている人を「勤勉」「努力家」と高く評価している時代がありました。逆に、短時間で効率よく仕事を終わらせることができる人は、「短時間しか働かない人」となり、「手抜きだ」「粘り強さが足りない」などと揶揄され、生産性を上げること自体がむしろ良くないこととされていたのです。わかりやすい例でいえば、営業のテレアポは「1日100件がノルマ」といったように、とにかく時間をかけて数をこなすことを重視し、効率性というものが軽視されていました。

　しかし、急激な人口減少を迎えるこれからの時代、「生産性」を上げる働き方をしなければいけない局面に入ります。同時に、タイパ志向のいまの若者はそうした「生産性」の高い働き方をするほうが、自分にとって大事であるということを感覚的に理解しています。

　たとえば、仕事が残っているか否かにかかわらず夜遅くまで会社で働いて頑張っている姿をアピールし、長い時間をかけてでも仕事をしようとするタイプの上司は、いまの若者からすると「会社で働くことしか楽しみがない、ものごとに対する興味や関心の幅が狭い薄っぺらな人間」であり、ダサいと思われてしまいます。それよりも、仕事の優先順位の見極めがうまく、自分がすべきでない仕事には手をつけずに自分がやるべき仕事を早々にしっかりと終わらせて、仕事以外のことも充実できているような上司のほうが、彼らにはカッコよく映ります。われわれが高校生から20代社会人までに聞いた「理想の大人」ランキングでも、**「人生を楽しく生き生きと過ごしている」**人が上位に入ってきます [図05]。ストレスフルで余裕のない人よりも、**「人に感謝ができ」「人に対して優しくふるまえる」**余裕があり、**「自分の意見をもっている」**うえで**「相手の立場が理解できる」「人付き合いがうまい」**人、そんな理想像が浮かび上がってきます。

| 理想の「大人」ランキング | | |
|---|---|---|
| 1位 | 自分の言動に責任がもてる | 43.6% |
| 2位 | 人に感謝ができる | 41.7% |
| 3位 | 経済的に自立している | 41.3% |
| 4位 | 人に対して優しくふるまえる | 39.1% |
| 5位 | 自分の意見をもっている | 36.5% |
| 6位 | 人付き合いがうまい | 36.5% |
| 7位 | 自分のミスを素直に認めることができる | 36.0% |
| 8位 | 相手の立場が理解できる | 36.0% |
| 9位 | 人生を楽しく生き生きと過ごしている | 34.9% |
| 10位 | いろいろな知識をもっている | 33.9% |

[図05] 理想とする大人について
ワカモンまるわかり調査（2021年12月）

　これからの時代は、まちがいなく**「労働量」**よりタイパを意識した**「労働質」**が重要です。上司であるあなたにも、この「労働質」を適切に評価していくことが求められているといえます。そのときにまず必要になるのが「労働質」を見極める力です。といっても、これまでの評価方法と見るべきポイントは大きく変わらず、その視点をずらすことが重要なので、あなたが培ってきたマネジメント力が存分に活かされるはずです。では実際にどうずらすのか、代表的な事例をいくつか挙げてみます [図06]。

| これまでの評価視点 | 労働質での評価視点 |
|---|---|
| たくさん時間をかけて資料を作成している「努力」を評価する | 労働時間とできあがった資料の「クオリティ」で評価する |
| 先輩の話をたくさんメモする「姿勢」を評価する | 教えたことがしっかりと活きた「アウトプット」を評価する |
| 遅くまで残業している「やる気」を評価する | 仕事にあった業務時間での「効率性」を評価する |
| 休日返上で仕事をする「意欲」を評価する | しっかりと休息をとり勤務時は集中する「メリハリ力」を評価する |
| レポートや報告書に書かれた文章量を「熱意」で評価する | 端的でわかりやすい資料の「まとめ力」で評価する |

[図06] 労働量の評価から労働質の評価へ

　これらはあくまで一例であり、業務内容や部下のレベルによってずらし方にはカスタマイズが必要です。ただし一貫していえるのは、評価の視点はこれまでとは変化しており、時代に合った正しい判断を行うためには、まずは「労働質」で評価する力を養う必要があるということです。

アクション **12** まとめ

- とにかく時間をかけて頑張るのではなく「効率的な作業」を意識する
- 「労働量」より「労働質」が重要
- 長い時間仕事をしている＝効率が悪い人、仕事しかすることがない人と認識される

アクション**13**

## アジェンダのない会議はやめる。

多くの企業で蔓延しているタイパの悪い代表的な事例が、**アジェンダのない無駄な会議**です。ある調査では、業務時間の約4割を会議に割いていて、ビジネスパーソンの8割以上が無駄な会議の経験があるという結果が出ています。

多くの場合、その原因はアジェンダがないことにあります。そのせいで決めることもなく、ネクストアクションもないので、何のための会議だったか目的が曖昧になってしまっているのです。世の中には、こうした会議を開くこと自体が目的になっている**「とりあえず会議」**があふれています。まずはこの「とりあえず会議」を棚卸して、もし見つかった場合は即やめるべきです。

もう一つ大事なのは、「今日の会議でシェアすることはあったかな？」などと会議中に議題を考えるのではなく、**会議のアジェンダを必ず事前に設定すること**です。もしアジェンダが何も思いつかなければ、その会議は不要である可能性が高いので休会にしたほうがよいでしょう。

アジェンダの設定方法については会議によって異なるので、とくに決まったかたちはありませんが、少なくとも

・議題
・議題の担当者
・所要時間

などは整理しておき、チーム内で共有しておくとわかりやすいでしょう。

また、会議中の議事録にも注意が必要です。ときどき「〇〇さんが〜〜と言った」と発言録のような議事録を取る人がいますが、これは非常にタ

イパの悪い議事録になってしまっています。発言録を取りたいのなら、オフライン会議なら録音すればよいですし、オンライン会議なら動画レコーディングをしてアーカイブするだけで事足りるはずです。

　議事録は、発言録にならないようにできるだけ簡潔に取るべきです。そうしないと、本来は会議の内容に集中すべきなのに、議事録を取ることに必死になってしまって会議に集中できず本末転倒です。議事録は、アジェンダごとに「決定・共有事項」と「ネクストアクション・タスク」のみを端的に記載するのがよいでしょう [図07]。

---

**アジェンダ**

・部長会の共有【○○部長】（5分）
・経費申請の変更事項共有【○○さん】（5分）
・新規プロジェクト：メンバーアサイン相談【○○さん】（10分）
・海外出張報告【○○さん、○○さん】（10分）
・業務改善ディスカッション【○○さん】（20分）

**参加メンバー**

欠席：○○さん
早退：○○さん
途中参加：○○さん

---

**2023.4.3 部会_議事録**

アジェンダ①
── 新規プロジェクト：メンバーアサイン相談
　・D/I【Decision（決定事項）/Information（共有事項）】
── ○○さんが担当することに決定
　・NA/T【Next Action/Task】
── ○月○日（○）○時までに提案書を作成して○○さんに提出する。
アジェンダ②
　⋮

[図07] アジェンダと議事録の例

STANCE 5

**タイムパフォーマンス（タイパ）志向を理解する。**

　**アジェンダがあり、決定事項があり、ネクストアクションがある。これがタイパの優れた無駄にならない会議のあるべき姿**だと思います。上司であるあなたは、こうした無駄を一つひとつ減らしていき、タイパを意識しながらマネジメントしていくことが重要です。

アクション **13** まとめ

- ・ アジェンダが決まっていない「とりあえず会議」はやめる
- ・ 会議を行う前にアジェンダや話したいことを共有する
- ・ 議事録は必要な要素に絞って作成する

# STANCE 6

# 「習うより慣れろ」より
# 「慣れろより教えろ」。

## アクション**14**

### 「石の上に3年も待てない」前提で育成を考える。

　メンバーシップ型雇用が主流の日本企業では、新入社員の育成において、現場の上司や先輩社員が実際の仕事を通して指導する「OJT（On the Job Training）」が多く採用されています。このOJTの場合、カリキュラムや育成方法がしっかりと確立されているケースは稀で、たいていの場合は、とりあえず「習うより慣れろ」で業務をやらせてしまっていることがほとんどです。「まずは3年頑張ろう」といってOJTがはじまり、その3年間は、新人の「下積み期間」として位置づけられています。

　しかし、p.061でも述べたように、彼らは「石の上に3年も待てない」のです。もう少し正しいニュアンスでいえば、"何もいわれずに"ただ石の上に3年も待つことはできない、ということです。「習うより慣れろ」のスタンスで、何も説明せず螺旋階段を登るようにこつこつと遠回りをさせながら、下積み期間を通して試行錯誤させ、一歩一歩成長させていく育成方針は、タイパを重視するいまの若者の心には響きにくくなっています。

　そんな彼らに**嫌がられる代表ワードが「とりあえずやってみて」**というフレーズです。上司であるあなたは「最初からやり方を教えてやらせるより、まずは自分で考えさせて試行錯誤しながら覚えていく過程が大事だ」と考えていませんか？　もちろんその考え方もわかりますが、いまの若者は、

できるだけ無駄を省いて地図アプリのごとく最短ルートでゴールにたどり着きたいと考えているため、そんな彼らからすると、その過程はとても無駄で効率が悪い考え方だと捉えられてしまうのです。

　これだけ聞くと、上司としては「いまの若者はすぐ答えを聞いて楽しようとする」と感じることでしょう。でも、そう決めつけてしまうようであれば、まだまだバイアスが取り除けていないかもしれません。

　彼らは情報洪水社会を生き抜いてきており、必要な情報（答え）にすぐにアクセスできる能力が備わっています。そして、数多ある情報を比較検討して自分なりに納得できる解を選ぶという作業を日頃から行っています。つまり彼らにとっては、**答えにたどり着くまでの過程を頑張るのではなく、答えを知ったうえでその答えをどう活用するかを頑張ろうとするほうが自然**なのです。**頑張りどころが違うだけ**なのです。

　たとえば、映画鑑賞では事前に内容を把握したうえでどのように楽しむのかを考えることができ、ゲームでは攻略本を読んでから楽しむことができるのです。かつてはNGとされてきたネタバレについても、むしろ賛成の人が多く、**「未体験」よりも「追体験」を好む**のがいまの若者の特徴です。

　仕事においても同じで、資料作成を依頼するときには「とりあえず資料つくってみて」ではなく、「類似の優れた過去資料を共有するので、それを参考にしながら資料をつくってみてほしい」と、ベースとなる優れた過去資料という答えを提供することがポイントです [図08]。

STANCE 6
「習うより慣れろ」より「慣れろより教えろ」。

[図08] 白紙から組み立てるよりも、具体的にゴールをイメージしながら進めるほうが効率的

　自分たちが「習うより慣れろ」で成長してきたからといって、そのやり方を部下に押し付けるのは思考停止です。もし、部下が慣れるまでの過程で頑張れなかったとしても、答えを知った後には頑張ろうとするかもしれないと、まずはそう考えて接することが大切なのです。

アクション **14** まとめ

- 「とりあえずやってみろ」は嫌われる
- 「習うより慣れろ」より「慣れるために教える」

アクション **15**

## 「地図アプリ型」の成長を意識する。

「慣れろより教えろ」といったところで、具体的にどのように教えればよいのでしょうか？　リクルートマネジメントソリューションズが2021年に実施した「理想の職場・上司像」に関する調査では、2011年と比較して明らかな変化があったことを示しています [図09]。

理想とされる職場や上司の項目のなかで、「目標共有」「鍛え合う」「活気がある」「厳しい指導」「引っ張るリーダーシップ」「情熱」といった選択率が低下して、**「個性の尊重」「助け合う」「丁寧な指導」「褒める」「傾聴」**の選択率が増加しています。

| 働きたい職場の特徴 | |
|---|---|
| Q：あなたはどのような特徴をもつ職場で働きたいですか？（最大3つまで複数選択） | |
| お互いに助け合う | 20.6% ↑ |
| お互いに個性を尊重する | 12.4% ↑ |
| みんなが一つの目標を共有している | -8.8% ↓ |
| お互いに鍛え合う | -11.6% ↓ |
| 活気がある | -11.6% ↓ |

| 上司に期待すること | |
|---|---|
| Q：あなたが上司に期待することは何ですか？（最大3つまで複数選択） | |
| 一人ひとりに対して丁寧に指導する | 14.0% ↑ |
| よいこと・よい仕事をほめること | 12.9% ↑ |
| 相手の意見や考え方に耳を傾ける | 2.5% ↑ |
| 言うべきことは言い、厳しく指導すること | -15.4% ↓ |
| 周囲を引っ張るリーダーシップ | -11.7% ↓ |
| 仕事に情熱をもって取り組むこと | -11.0% ↓ |

[図09]「新入社員意識調査2022」
個性を尊重し、傾聴しながら丁寧な指導を望む傾向が高まっている
（リクルートマネジメントソリューションズ、2022年6月）。

（10年間の比較）

STANCE 6
「習うより慣れろ」より「慣れろより教えろ」。

いまの若者にとって、理想的な教え方とは、まさに個性を尊重して傾聴しながら丁寧な指導をすることだと思います。昔のように、怒鳴る・詰め寄るなどの厳しい指導はもはや時代遅れだといわざるを得ません。**「教える＝やり方を丁寧に共有する」**ということであって、**「教える≠偉そうに上から目線で押し付ける」**ではないということを肝に銘じる必要があります。また、アクション8で述べたように、獲得できるであろうスキル「〇〇力」を言語化して伝えながら教えることも、個性の尊重、丁寧な指導につながる重要なポイントです。

彼らは螺旋階段型ではなく地図アプリ型の成長を望む傾向が強いと述べました。以前は「いまは本人が望んでいなくとも、この経験はいつか必ず役に立つはずだからやらせよう」といったように、必ずしも本人が希望しない配属や業務をやらせてみることで成長させようという風潮もありましたが、そうしたやり方は時間の無駄だと捉えられてしまうため、通用しなくなってきているのです。もちろん、それが本当に部下自身のためになると考えたうえでの判断であれば、それを彼らの納得解につなげて、しっかりと丁寧に説明できれば問題ありません。大事なのは会社の都合だけを押し付けないことです。

一方で、いまの若者が明確な目標や目指したい自身の姿を描けているのかというと、決してそうではありません。しかし同時に、漠然とした方向性だけはもっていることが多く、「これはちょっとやりたい方向性と違うかも」といったように、"やりたくないこと"だけは明確なことが多いといえます。われわれが2020年2月に行った就活意識調査では、**「配属保証してほしい」**と答えた学生が94％もいました。こうした結果からも、やりたくないことをやる無駄な時間はできるだけ避けたい、というマインドが透けて見えてきます[図10]。

　重要なことは、これまでの一般的とされてきた「習うより慣れろ」だけを押し進めることは危険だということです。やりたいことよりやりたくないことのほうが明確な世代なので、「意味がない」「やりたくない」と感じさせずに、納得をさせていくことが大切です。

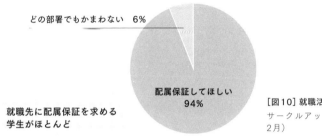

就職先に対して配属先を保証してほしいと思いますか？

どの部署でもかまわない　6%

配属保証してほしい
94%

就職先に配属保証を求める
学生がほとんど

[図10] 就職活動に対する意識
サークルアップ調査（2020年
2月）

　地図アプリ型の成長を望む彼らは、理由や意図を見出せない場合、つまり納得していない場合は、できるだけ無駄を削ぎ落としながら最短ルートを進みたいと考えているため、彼らが**「やりたくないこと」を把握したうえで教える**ことも重要なのです。個人の面談などで「こういう仕事はやりたくないって思う？」「それはなぜ？」といったように、やりたいかどうかではなく、やりたくないかどうかとその理由を聞いてみるとよいでしょう。
　メンバーのやりたくない要因を把握したうえで、獲得スキルを言語化して伝えながら丁寧にやり方を共有する。そうすることで、メンバーの成長スピードは大きく変わってくるのです。

　逆にいえば、それができないと部下は納得ができていないままに螺旋階段を登るように仕事をしている感覚に陥ってしまい、アクション8でも述べたように、3年以内に退職してしまう可能性さえあるのです。

アクション **15** まとめ

- 教える＝やり方を丁寧に共有する
- いまの若者は「やりたいこと」は明確じゃないが「やりたくないこと」は明確
- やりたくないことを把握したうえでのコミュニケーションを心がける

思考
**4**

# 大きなビジョンより
# 小さなアクション

～口だけ上司は、言葉は軽いが腰は重い～

## STANCE 7

# 「伝える」だけでは「伝わらない」。

アクション16 「伝える」と「伝わる」は別物だと認識する。

アクション17 「伝わる」言葉とタイミングを意識する。

## STANCE 8

# チームの信頼は行動で獲得せよ。

アクション18 「言行不一致」はNGだと心得る。

アクション19 「What to say（何を言うか）」より
　　　　　　　「What to do（何をするか）」を大事にする。

# STANCE 7

# 「伝える」だけでは「伝わらない」。

アクション **16**

## 「伝える」と「伝わる」は別物だと認識する。

　「伝える」と「伝わる」は別物だ。と聞いて、あなたはピンとくるでしょうか。「伝える」とはまさしく、伝える主体（この場面ではあなた自身）が、相手に対して何かを発信する行動を指しています。一方で「伝わる」というのは、自身が発信した情報が相手に受け取られ、理解される状態を指しています。「伝えた」ことが、相手に「伝わる」というのは当たり前に感じるかもしれませんが、事はそうかんたんではありません。上司と部下のコミュニケーションに限らず、人間のコミュニケーションの難しいところは、自分が「伝えた」ことが、必ずしも自らの意図や想いどおりに相手に「伝わる」とは限らない、ということが多々起こり得るからです。

　しかし、90年代くらいまでの日本企業の職場においては、「上司がいうことは絶対」「会社からいわれたことは（自分の中に多少の違和感や疑問があっても）とにかくやるもの」といった風潮が強かったため、40〜50代以上の上司の人で「伝えたことが伝わらない」という実感をもっている人は少ないかもしれません。そういう感覚の上司は、「自分が伝えたことは部下には伝わっている」と思い込みがちですが、実態は「伝わっていないが、とりあえず言われたことを遂行していた」だけなのではないでしょうか。

　ですが、アクション9で述べたように、いまの若者は「自身が納得でき

るやる意味＝納得解」を重視します。きちんと伝わらず、納得もできないままでは仕事に前向きに取り組むことができないでしょう。「伝えた」ことが部下にしっかりと「伝わる」状況をつくるためには、**「伝える」と「伝わる」は必ずしもイコールの関係ではなく別物であると認識すること**が、コミュニケーションの第一歩だといえます。

　たとえるなら、「伝える」というのは、いわば相手に対してボールを投げ込んでいるだけで、そのボールが相手に当たっているだけだったり、後ろに逸らしたりしているかもしれず、きちんとボールをキャッチできていな

**伝えているつもりが、伝わらない**

**「伝わる」ためには、相手がボールをキャッチすることが必要**

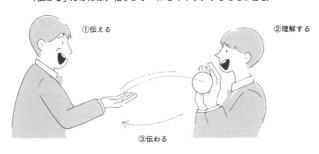

①伝える　②理解する　③伝わる

［図01］「伝える」と「伝わる」は別物

い可能性がある状態です。ちゃんと「伝わる」ためには、相手側にもしっかりとそのボールを受け取ってもらい、それをしっかりと確認する必要があるのです[図01]。

　では、相手にしっかりと「伝える」ために、具体的にはどうしたらよいのでしょうか。何より重要なのは「どのように話したら相手がわかってくれるか」と、**相手のことを想像しながら伝えること**です。詳細は次のアクション17でまとめますが、相手がこちらの意図を受け取れるように自ら工夫する、想像力を働かせるということが、しっかりと「伝える」ためには欠かせない視点となります。

　あなたが部下に指示を出したとき、「言ったことが伝わっている気がしないな」と感じることがあるのなら、それはまさに一方的に伝えているだけであって、相手は受け取れてない＝伝わっていない、という状況が生まれている可能性が高いのです。そうしたとき、ついつい部下に対して「なぜ俺の指示がわからないんだ」と思ってしまいがちですが、まずは**自分自身の伝え方に問題があるのではないか**、と考えるようにするとよいでしょう。

アクション **16** まとめ

- ・「伝える」は、一方的にボールを投げつけているだけ
- ・「伝わる」には、相手がボールをキャッチすることが必要
- ・相手にどうしたら伝わるのか、想像力を働かせることが重要
- ・伝わらないのは自分のせい

アクション **17**

## 「伝わる」言葉とタイミングを意識する。

　部下が指示どおりに動いてくれないのは、上司であるあなたの伝え方が悪いせいだとしたら、そもそもどのように伝えれば、ちゃんと部下に「伝わる」のでしょうか。それには**「言葉の選択」**と**「タイミング」**が重要です。

　まず言葉の選択で重要なのは、**変えられない過去の事象へのダメ出しではなく、変えられる未来に向けた現在の事象の改善アドバイスになっているかどうか**です。また、そのためにも伝えるタイミングが大事になってきます。

　たとえば、部下が作業している途中で急に上司が様子見に現れて「なんでここまでしかできてないの？」「もっとこうできたんじゃない？」などと言ったところで、もちろん部下には何も伝わりません。「すみません、たしかに（上司である）〇〇さんのおっしゃるとおりです。ご指摘いただきありがとうございます」といった表面上の謝罪と感謝の言葉を引き出したところでまったくの無意味です。

　上司はアドバイスしているつもりでも、部下の本心では「いまさら言ってくるのやめてほしいんだけど……」「言うならもっと早く言ってよ」と思っていることでしょう。このような指摘を**「いまさら指摘」**といい、過去の変えられない事象へのダメ出しの代表的な例だといえます。変えようのない過去のことなので、部下はただただ責められているだけになってしまい、その場を逃れるためにも謝るほかありません。これではモチベーションは上がらず、本質的な改善にはつながりません。

*STANCE 7*
「伝える」だけでは「伝わらない」。

　また、指摘するタイミングも重要です。**タイミングが遅れれば遅いほど、結果として伝える言葉も過去に向いてしまいがち**です。

　たとえば、年度始めに計画した目標に関する進捗確認などでも、年度末が近づいてきたタイミングで「なんでできてないの？」「やらないといけないって言ったよね？」と言ったところで、それは「いまさら指摘」でしかなく、部下には何も響かないし、なんの解決にも改善にもつながりません。そもそも、そのタイミングまで部下の状況を把握できていなかったのであれば、それはすべて上司の責任です。

　そうならないために、**上司は日々、部下に寄り添って伴走する意識が必要**です。メインで走るのはあくまでランナーである部下ですが、そのとなりで上司も伴走しながら状況を見守り、部下が困ったときにはいつでも手を差し伸べられるようにしておくことが、伝わるタイミングを逸しない重

要なポイントです。

　適切なタイミングで「いまさら指摘」にならないように助言する、その際にもうひとつ大切なのが、いつもチームに貢献してくれている部下への感謝の気持ちを忘れないことです。ましてや**「怒り」などの負の感情は一切不要**です。その感謝の気持ちを最初に少し加えるだけでも、伝わる度合いが変わってきます。

　また、助言の際の注意点として、**「正解を教えてあげる」というスタンスは絶対にNGで、あくまで「選択肢のひとつを提供してあげる」**という意識が大切です。そもそも部下は上司の主観的な正解を押しつけられたくないですし、それがちゃんとした正解だったとしても、指示されたことだけやっていればいいんだという気持ちにさせてしまい、部下が「指示待ち人間」になってしまう危険性もあります。上司には、**部下の自律性を保ちながら改善アドバイスをすること**が求められているのです。あなたは部下とこんな会話をしたことがないでしょうか？

> 上司：○○さん、おつかれさま。さっき共有してくれた資料について少し話せますか。
>
> 部下：はい、大丈夫です。どこか気になるところがありますか？
>
> 上司：○○ページのこの部分なんだけど、この資料じゃなくて、○○を入れてください。あと、ここで書いている結論はちょっと違うと思うから、○○に変えてください。

　もちろん、時間がないときや明らかに間違えているときは明確に修正を指示することも必要です。しかし、基本的にはこのような指摘の仕方は部下の成長につながらず、指示を受ければよいというスタンスに部下が陥るリスクがあるので気をつけましょう。

たとえば、次のような会話になるとよい助言になっています。

> 上司：〇〇さん、おつかれさま。さっき共有してくれた資料について少し話せ
> ますか？
> 部下：はい、大丈夫です。どこか気になるところがありますか？
> 上司：〇〇ページのこの部分なんだけど、初見だと少し理解しにくい表現になっ
> てるので、もう少し平易な表現に変えてみたり、スライドを2ページに
> 分けてみたりしたらどうだろう？　そのへんも踏まえてブラッシュアッ
> プをお願いできますか？
> 部下：アドバイスありがとうございます。自分なりにもう少し考えてみてブラッ
> シュアップしてみます。

　部下と伴走しながらタイミングをしっかりと捉え、いまからできる改善アドバイスを心がける。そうすればきっと、部下にちゃんと「伝わる」ことでしょう。

アクション **17** まとめ

- 「いまさら指摘」はやめる
- 遅すぎる指摘にならないよう、日々伴走しながら指摘のタイミングを意識する
- 指摘する＝「正解を教える」ではなく選択肢のひとつとして提示する

# STANCE 8
# チームの信頼は
# 行動で獲得せよ。

アクション**18**

## 「言行不一致」はNGだと心得る。

　「自分は発言には責任をもっているから、このアクションについては大丈夫そうだ」。そう思ったあなたは、まだまだバイアスを取り除く習慣が身についていない危険性があります。アクション2でも述べたように、何事も**「決めつけない」**ことが重要です。「もしかしたら言動が一致していないことがあるかもしれないから気をつけよう」と、つねに**「セルフチェック（自己反省）」**することを忘れないようにしてください。

　言行不一致というのは本人が無意識のところで起きていることが多いといえます。よくあるのが、上司が部下に対して「責任は私がとるから自由にやってみて」と、最終的には責任を取るような発言をしていたにもかかわらず、部下が失敗してしまったときには責任を逃れようとして、何もフォローすることなくそのまま部下のミスとして処理している、といったケースです。こうした上司は、一瞬にして部下からの信頼を失ってしまいます。そして、そこからの信頼回復はほぼ不可能だと思ったほうがよいでしょう。
　次のようなケースもよくみられます。あなた自身、思い当たることがないでしょうか。

- 「どんなことでも気軽に聞いてくれていいからね」と言っていたのに、部下が質問すると「そのくらいは自分で考えないとダメだよ」と言う。
- 「新しいアイデアがあったら、ぜひ提案してください」と言っていたのに、部下が新しいアイデアを提案すると「それは前例がないから難しい」と却下する。
- 「君は自分のペースで仕事を進めていいからね」と言っていたのに、後日急に「なぜこんなに時間かかってるの？」と言ってくる。
- 上司が「楽しく仕事しよう」と言っていたのに、笑いながら仕事をしていると「真剣に取り組んでるの？」とプレッシャーを与えてくる。

　こうした矛盾のある組織やチームは、結果的にすべてが中途半端に終わってしまいがちです。そうならないためにも、上司は普段から部下への発言に責任をもたなければならないのです [図02]。

[図02] ダブルバインドは信頼を失う

　このように、2つの矛盾したメッセージを発したことで相手が混乱して身動きが取れなくなってしまう状態のことを**「ダブルバインド」**といいます。ダブルバインドとは、人類学者のグレゴリー・ベイトソン氏が1956年に提唱した論説で、**「二重拘束」**を意味します。ダブルバインドの状態になると、ある一方のメッセージどおりに行動したとしても、もう片方のメッセージには反することになってしまい、強い心理的な負担がかかります[9]。

　上司は無意識のうちに矛盾したメッセージを発信してしまう可能性をもっているため、まずはこうしたダブルバインドについて理解を深めることが大切です。そして、何気なく発した自分のメッセージがダブルバインドを引き起こしてしまっているかもしれないとつねに振り返って、バイアスを意識的に取り除くときと同様に、セルフチェック（自己反省）することが求められます。

　そして、このダブルバインドは上司と部下の間だけでなく、会社と社員の間でも起きています。たとえば、次のような事例はすぐに思い当たるのではないでしょうか。

・会社は「労働時間を削減して健康第一で働いてください」といっているのに、現場ではこれまでと変わらない売上目標が掲げられて、目標達成のために目の前の業務に追われ、まったく労働時間を削減できる状況ではない。
・「育児をする社員向けに時短で働ける制度をつくったから利用してください」といっているのに、実際の現場ではそうした制度をとてもじゃないが利用できるような空気ではなく、けっきょく制度を利用してよいのかどうか判断できない。

　上司であるあなたは、このような会社が引き起こすダブルバインドにも

しっかりと目を向け、自分のメッセージにおける矛盾だけでなく、**会社と自分のメッセージが矛盾してないかどうかもつねに意識すること**が重要です。もし会社のメッセージと自分のメッセージが矛盾してしまいそうなときは、その矛盾を抱えたまま部下に伝えるのではなく、会社に対してその矛盾を指摘したり改善しようとしたりする姿勢を見せることで、部下の信頼を獲得することができます。

p.047でもふれましたが、ハズレだと思う上司の特徴の1位は「指示がわかりにくく一貫性がない」です。まさにこの「一貫性がない」という点がダブルバインドを引き起こしてしまい、部下からの信頼を大きく損なってしまうのだと認識して、自分の発言や行動に「一貫性があるかどうか」をつねに意識することが重要です。

アクション **18** まとめ

- 日ごろから自らの言動について疑いの目をもつ
- 自分の言動と会社からのメッセージとの一貫性について矛盾がないか意識する

## アクション 19

## 「What to say（何を言うか）」より
## 「What to do（何をするか）」を大事にする。

　iPhoneが発売されたのは2007年のことです。あなたの部下にも初めてもった携帯電話がスマートフォンだったという人もいることでしょう。いまの若者は、物心がついたときからスマホを所有し、SNSを使って手軽に多くの情報を入手したり、自ら発信したりできるのが当たり前の環境で育ってきました。一昔前までは、そもそも個人で情報を発信すること自体のハードルが高く、それだけでも価値がありましたが、誰もがかんたんに発信でき、検索すれば何でも調べられるようになったいまでは、その内容が「本当かどうか？」の重要性が増していて、**実際のアクションやファクトが伴っているかどうかが大事**になってきています。

　いいことだけ言って、実際には何もしていないとすぐに見抜かれてしまうわけです。こうした**「透明性の時代」**になったという前提に立って、**何を発言するか（What to say）だけでなく、その先の何を実行するか（What to do）までをしっかりと考える必要がある**のです [図03]。

　たとえば「女性活躍」を謳っている企業なのに、実際には女性役員が一人もいなかったり、「社会貢献やSDGs」を謳っているのに、実際には商品の生産過程で大量の産業廃棄物を出していたりすると、言っていることとやっていることが違うと批判されてしまうこともあります。

　こうした透明性が求められるのは、上司と部下のコミュニケーションにおいても同様です。たとえば、上司が「なんでも気軽に相談できる風通しの良いチームにします」と言っていたのに、そのための具体的な方策は何

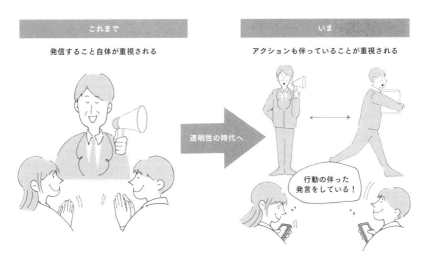

[図03]「透明性の時代」を意識した言動が信頼感につながる

もなく何のアクションもないといったケースは、まさに"口だけ"の典型例
だといえます。

　さらに最悪なのは、実際に相談されると面倒くさそうな態度を取るなど、
アクション18で述べたダブルバインドを引き起こしてしまっているケース
です。これでは「この上司は口先ではいいことを言って、実際には何もし
ないどころかむしろ逆のことをしてくる人間なんだな」と部下に思われて
しまい、信頼を得ることなどできません。そう思われないためにも大事な
のは、口に出す出さないにかかわらず、些細なことでもいいから**実際に行
動を起こすこと**です。

　たとえば、「風通しの良いチームをつくりたい」のであれば、MTGの最
初に必ずアイスブレイクを取り入れるなど、小さなアクションを積み重ね
ることが大事です。MTGがはじまった瞬間から終わりまで、ずっと業務の

STANCE 8

**チームの信頼は行動で獲得せよ。**

話だけをしていては風通しの良さはつくれません。まず冒頭の数分程度で、上司であるあなた自らが業務とは関係ない（できればクスッと笑える）話をして、場の空気を和らげましょう。また、アメリカの教育学者ピーター・クライン氏が考案した**「Good&New（グッドアンドニュー）」**という手法もおすすめです。２４時間以内に起きた「Good（良かったこと）」や「New（新しい発見）」を１分程度でシェアして、終わったら発表者に対して拍手を送る、という取り組みです。[10]日頃から意識的に良いことを探すようになり、メンバーの気持ちが前向きになって、チームにポジティブな雰囲気をもたらすといわれています。

　部下は、何を言うか以上に上司であるあなたの行動を見ています。手や足を動かさずに、言葉だけで大きなことや耳触りの良いことを言ったとしても、行動が伴っていなければ部下からの信頼は得られません。**言うか言わないかではなく、やるかやらないか。部下をどう動かすかではなく、自分がどう動くか。**そう認識して、**「口だけ上司」**にならないように心がけてください。あなたがアクションで語れば、部下からの信頼を得やすくなります。

アクション **19** まとめ

- いまの時代は「透明性の時代」（すぐに自らの言動のウソなどがばれてしまう）

- どんなに些細なことでも良いので、口にしたことは実現する

思 考

5

# 上から目線より横から目線

～部下から吸収できないリーダーは
成長できない～

# STANCE 9

## 「上司だから偉い」と勘違いしない。

アクション20 「上下関係」の呪縛を断ち切る。

アクション21 「従える」より「下が得る」を意識する。

# STANCE 10

## 伴走者として、ともに走る。

アクション22 「言う、教えてあげる、やらせる」をやめる。

アクション23 「聞く、問いかける、提案する」をやってみる。

# STANCE 11

## 部下から学んで、自分をアップデートする。

アクション24 恥をかくことを恐れない。

アクション25 チーム効率の最大化を意識する。

# STANCE 9

## 「上司だから偉い」と勘違いしない。

アクション **20**

### 「上下関係」の呪縛を断ち切る。

　2022年に開催されたFIFAワールドカップ カタール大会。その試合の解説を務めた元日本代表の本田圭佑氏が、親交のない年下の選手を「さん」づけで呼んでいたことが話題になりました。それに対して本田氏は自身のTwitterで「さん付けして笑われる意味がわからない」、「スポーツ界の無意味な縦社会はなくしたほうがいい。関係が深くない先輩に偉そうにされると、ん？誰？って思ってしまう。同じことをしたくないから『さん』を付ける」とツイートました[11]。

　SNS上では、こうした本田氏の考え方に共感する声が相次ぎましたが、あなたはどう感じたでしょうか。年齢が上なのであれば年下の選手に対して「さん」付けせずに呼び捨てでもよいのではないか、そう思った人は要注意です。年齢が上だから、上司だからという理由で年下や部下に対して敬称や敬語を使わなくてよいと考える人は、まさに**「上下関係」の呪縛**に囚われているといえます。本人にその気がなくても、相手からすれば時代遅れの**「マウンティング上司」**でしかありません。

　アクション3、4でも述べたように、上司と部下はあくまで組織の中の役割にすぎず、ましてや年齢が上だからというだけでその人が偉くなったわけではありません。いまの若者はこうした理不尽さに敏感です。フラッ

ト・マネジメントを実践して信頼関係を築くためには、無意味な上下関係を取っ払うことがとても重要です。

では、具体的にどうすればその呪縛を断ち切ることができるのか。今日からできる「**呪縛の断ち切り方**」を3つご紹介します。

**①「上から目線」をやめる**

まずは「上から目線」をやめることです。そのために必要なのは、アクション4でふれた「**対等な水平目線＝横から目線**」で接して、部下に対する「**リスペクト**」の気持ちを忘れないことです。より具体的なスキルについては、アクション22、23で述べますが、まずはあなた自身の意識的な変化を心がける必要があります。

**②「上司・部下」をやめる**

次に、あなたが「上司」を辞めてみましょう。といっても、実際に降格してみましょうというわけではありません。「上司」という言葉を使うことを意識的にやめるのです。同様に、部下のことを「部下」と呼ぶことも止めてみましょう。

この「上」と「下」が入った言葉を使うことによって、地位の差を連想させ、上司が偉くて部下が偉くないのだという意識を植え付ける元凶になっているからです。本書では、**上司は「（チーム）リーダー」、部下は「（チーム）メンバー」と表現する**ことを推奨したいと思います。

なお、「部下」を英訳すると「subordinate」となりますが、この単語には「下位」というニュアンスも含まれています。アメリカでは部下のことを指すときにこの単語を使うと「部下を見下す嫌な人、偉そうな人」といった印象を与えてしまうため、実際に使う人はほとんどいないそうです。

③「メール文化」をやめる

　最後に、日本特有の「メール文化」をやめてみましょう。コロナ禍以降、TeamsやSlackなどのツールが普及してきたこともあり、とくに社内のコミュニケーションにおいては、メールを使用する機会は減りつつあるといえます。メールよりもより会話に近い双方向のコミュニケーションツールは、フラットな関係を築くのに役立つはずなので、どんどん活用していくべきです。

　しかし、そうした新しいツールを活用するときでも、メール文化に強く影響されている人がいます。メール文化そのものを否定しているわけではありませんが、新しいツールの特性を活かした効率的な使い方になるよう意識することも大切です。

**「メール文化」の例**
・宛先を役職の高い順に並べて送らなければならない
・冒頭に必ず「〇〇様」と様づけする
・役職者には「〇〇部長様」と役職の後に様づけする
・部下には「〇〇殿」として様をつけない
・「お世話になっております」や「お疲れ様です」の定型文を記載する
・とりあえずの情報共有として、直接関係ない人にもCCを入れる

　TeamsやSlackなどのコミュニケーションツールは積極的に使用してチームの交流を図りましょう。その際は「メール文化」をもち込まないようにすることで、上下関係の呪縛からも逃れることができ、よりよいコミュニケーションが生まれるはずです。

　上下関係の呪縛を断ち切ることができたら、本田氏が年齢ではなく親交の深さで「さん」づけするかしないかを決めていたことも、至極当たり前のことだと感じられるはずです。**大事なのは、年齢や役職の上下ではなく相手との「距離感」です。** それを意識すれば、まだコミュニケーションが取れておらず距離感が遠いメンバーには敬称や敬語を使い、十分にコミュニケーションが取れて距離感が近いメンバーとはもっと気軽に話す、といった判断ができるようになるはずです。

アクション **20** まとめ

- ・ 上司だから偉い、部下だから自分より下、ということではない。
- ・ 相手の立場に関わらず「リスペクトの気持ち」を忘れない。
- ・ 立場で相手との距離を測るのではなく、日ごろのコミュニケーションや関係性で判断する。

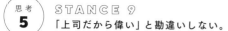

思考
**5**

STANCE 9
「上司だから偉い」と勘違いしない。

アクション**21**

## 「従える」より「下が得る」を意識する。

　上司という立場を行使して感情的に人を従わせるというのは、手段としては楽な道かもしれません。しかし、自らの権力や立場を利用して強要するという行為が、いわゆる「パワハラ」に当たることは明白です。なにより、そんな感情に任せた時代錯誤なマネジメントについていきたいと思うメンバーはいないでしょう。

　2022年、全国の働く男女に対して「尊敬できない上司の特徴」を聞いた調査では、第1位にあがったのが「感情的な行動が目立つ人」でした[図01]。では、自分の立場や感情に左右されずにメンバーの信頼を得るためにはどうしたらいいのでしょうか。

| | 尊敬できない上司の特徴 | 単位：% |
|---|---|---|
| 1位 | 感情的な行動が目立つ | 21% |
| 2位 | 自分本位で思いやりがない | 19% |
| 3位 | 無責任で部下を守らない | 17% |
| 4位 | 不真面目・不誠実 | 16% |
| 5位 | 一貫性がなく不公平 | 13% |
| 6位 | 話を聞いてくれない | 8% |
| 7位 | 口だけで行動しない | 8% |
| 8位 | 偉そうで威圧的 | 8% |
| 9位 | 仕事ができない | 7% |
| 10位 | 批判・悪口が多い | 7% |

**[図01]「尊敬できる上司とできない上司の特徴に関する意識調査」**
上司の感情的な行動はチーム全体に悪影響を及ぼす（RS MEDIA、2022年7月）

　そもそもリーダー（上司）とは、アクション3、4でも触れたように、あくまで組織運営における指揮命令系統の話であり、たんなる役割であって「チームで一番偉ぶれる人」になったわけではない、ということを改めてしっかりと認識しておくことが重要です。そのうえで、チームを円滑に動かすためにリーダーに必要な**「やめるべき3つの絶対」**があります。

　1つ目は、すでに述べた**「絶対、自分が偉いわけではない」**ということです。昇進した途端に気持ちが大きくなったり、部下をもったことで優越感を感じてしまったりするかもしれませんが、出世というのは、あなたの「仕事の評価」がもたらした結果であって、傲慢な態度をとる権利を得られるものではないので、そこを履き違えないようにしましょう。
　2つ目は**「絶対、自分が正しいわけではない」**です。まわりよりも経験を重ねているぶん、自分の意見を過信してしまうかもしれませんが、経験をつんでいても間違えることはあります。そんなとき、意地になって誤りを認めなかったり、軌道修正しなかったりといったことがないよう、リーダーという立場だからこそ、誰よりも柔軟な思考をもたなくてはいけません。
　3つ目は、**「絶対、自分が詳しいわけではない」**ということです。めまぐるしく時代が変化するなかで、メンバーのほうが詳しいことがあるのは当然のことです。知らない技術やツールや情報にふれたとき、部下も含めた周囲の意見に耳を傾けられないと、あなた自身が成長する貴重な機会をも逃すことにもなりかねません。
　このように、絶対的な過信をもたないようにすることで、自身の立場についての誤った認識を正すことができるでしょう。

　しかし、ただでさえストレスが多い時代で、リーダーという立場で気を遣うことも増えるなか、つねに感情をコントロールするというのも至難の

技でしょう。そこでリーダーに求められるのが**「感情的知性（EI）」**を高めるということです。「感情的知性（EI）」は、しばしば「知能指数（IQ）」との比較で語られることがありますが、ひとことでいえば、**「自分の心の状態を理解してそれをコントロールする能力と、他人の心の状態を理解してそれに対応する能力」**のことを指します。

　この能力を高めることは、自らの感情をコントロールすることだけでなく、メンバーへの理解を深めることにも役立ちます。一朝一夕に習得できるものではありませんが、生まれもった素質だけでなく、訓練や学習によって磨くことができるものでもあるので、実際に仕事のなかで鍛えられる方法を3つ紹介します。

① メンバーから率直なフィードバックをもらう

　アクション2で、マイクロ・インエクイティについてメンバーから直接指摘してもらうことが重要だと述べたように、自分とのやりとりに違和感をおぼえた点や逆に心地よく感じた点などを聞くことで、自らの感情の伸ばすべきポイントと改善すべきポイントを把握することができます。「感情的知性（EI）」を高めるうえでは、まずは自分自身の感情における特性を知ることが大切です。

② 自分の感情を押さえ切れないタイミングを記録する

　どんなときに自分の感情のコントロールが効かなくなるのかを把握することで、同じような状況では注意を払ったり、状況を回避したりすることが可能になります。周囲との摩擦が減り、結果として自身の「感情的知性（EI）」を伸ばすことができます。

③ こまめに目標を設定して、自分や周囲のモチベーションを維持する

　「感情的知性（EI）」を高め、自分自身の感情をコントロールするには、ポジティブな気持ちをキープすることが重要です。そのためにも自分や周囲の人たちが前向きに働ける環境を目指すことが大切ですし、そう取り組むことで、メンバーやチームに対する関心も高まっていくので、とても有用な手段だといえます。

　ほかにも「感情的知性（EI）」を伸ばす方法はいろいろとあるので、日々の業務のなかで簡単に取り入れられることから実践していくとよいでしょう [図02]。

| |
| --- |
| ① 部下や同僚から率直なフィードバックをもらう |
| 話しやすい環境下で対話の機会を設ける |
| 一人だけではなく、さまざまな立場の人からフィードバックをもらう |
| プロジェクト終了後に、「あのときどうしてほしかったか」「これからはどういうサポートが必要か」など、できるだけ具体的な意見をもらう |
| ② 自分の感情を押さえ切れないタイミングを記録する |
| 自分が動揺しやすくなるタイミングやシーンを把握する |
| 自分のストレス状態を意識し、感情的になりそうなときは、ひと呼吸おく |
| 周囲で「感情的知性（EI）」が高いモデルを見つけて参考にする |
| ③ こまめに目標を設定して、自分や周囲のモチベーションを維持する |
| ジェスチャーや相づちなど、会話以外のコミュニケーションを意識する |
| メンバーの気持ちの状態を的確に察知し、ポジティブなやりとり、お互いを褒める言葉をかけあう |
| 休憩をこまめにとり、心と身体の疲れを定期的に回復させる |

[図02] 感情的知性を伸ばすための取り組み

STANCE 9
「上司だから偉い」と勘違いしない。

　メンバーから信頼してもらうために気をつけるべき考え方や意識のあり方を述べてきましたが、いずれも共通していえることは、リーダーという立場を「偉い」と勘違いしないこと、立場にあぐらをかいてメンバーへのフォローを疎かにしないことです。

　そのためにも、つねに念頭においておきたいのが**「どうしたら、よりたくさん"下が得られる"状況をつくり出せるのか」**を考えることです。「メンバーのため」というと漠然としてしまいますが、「得られるものを多くすること」と意識すれば、本当に彼らが求めていることを知るために自ら積極的にアクションを起こす必要が生まれ、その要望に応えることでリーダーとしての信頼も厚くなるはずです。

　これからの時代は、**自分の権力を使って「従える」のではなく、「下が得る」ことを大切にしていくべき**です。そうやってメンバーを成長させることでより良いチームが生まれ、リーダーとしてのあなた自身の成長や学びもきっと増えるはずです。

アクション **21** まとめ

- 「上司」とは、あくまでチームの中におけるひとつの立場
- 自分が絶対偉い、自分が絶対正しい、自分が絶対詳しい、というわけではない
- 自分の心の状態をコントロールする能力と、他人の心の状態を理解して対応する能力を育てる

# STANCE 10

## 伴走者として、ともに走る。

### アクション 22

## 「言う、教えてあげる、やらせる」をやめる。

　ある調査では、日本の上場企業に勤める部長のうち96.9%がプレイングマネージャーであるといわれています [図03]。本書を手にしているあなたもプレイングマネージャーなのではないでしょうか。

日本におけるプレイングマネージャーの割合

プレイング
マネージャー
**96.9%**

[図03]「上場企業の部長に
関する実態調査」
産業能率大学（2021年9月）

　リーダーとしてチームを牽引するだけでも大変な業務なのに、自らもプレイヤーとして結果を求められるというのは相当な苦労があることでしょう。そうしたリーダーの働き方を見てきたこともあってか、将来出世したくないという若者も増え続けています（p.061参照）。

　そんな多忙を強いられているプレイングマネージャーは、どのようにチームを導いていけばよいのか。よく陥りがちなやり方として、自身が優秀であるがゆえに、自分で仕事をどんどん進めてしまうというパターンがあります。この方法は自らをさらに忙しくするだけでなく、メンバーの成長機会をも奪ってしまい、結果としてチーム全体のパフォーマンス低下へとつながってしまう危険性があります。

　メンバーの育成がうまくいかないとき、リーダーの人がよくやってしまっている典型的なNG行為が主に3つあります。**「言う、教えてあげる、やらせる」**です。もちろんその行為そのものではなく、やり方やその内容に問題が潜んでいます。NGパターンの「言う」「教えてあげる」「やらせる」とは何か。それぞれがどのようなリスクを孕んでいるのかも含めてみていきましょう。

　1つ目は「言う」という行為です。リーダーに限らずチーム内で何かを言うのは至極当たり前のことですが、問題はその「言い方」です。その伝え方ひとつが結果を大きく左右するのです。たとえば、

　・部下の話も聞かずに「一方的に言う」こと
　・自分よりも弱い立場である部下に「高圧的にものを言う」こと
　・目的や理由も伝えず「命令として言う」こと

　これらは、誰からみても一人よがりな物言いですが、意外と無意識化で行ってしまいがちな伝え方です。

　あまりに高圧的な態度が続いては、メンバーも萎縮してしまい、チーム

での円滑なコミュニケーションが叶わなくなってしまいます。また、一方的な命令ばかりの無配慮な振る舞いでは、メンバーからも敬遠され、最悪の場合、あなたの「言う」ことにまったく聞く耳を傾けなくなってしまう可能性があります。

　2つ目は、「教えてあげる」です。メンバーに対して正しく教えること自体は素晴らしい行為ですが、この場合の「教えてあげる」は過剰な指導を指します。

・部下が自ら考える間も与えずに「手取り足取り教える」こと
・失敗しないよう細かな作業にも口を出して「過保護に教える」こと

　こうした細かな口出しをする**「マイクロマネジメント」**は、リーダーの業務時間を逼迫させるだけでなく、部下が成長するプロセスの妨げにもなるため、本来なら若手が自発的に気づいて吸収できたことも根こそぎ奪ってしまう危険さえあります。

　なお、マイクロマネジメントは、以下のような弊害をもたらす可能性があります。

・モチベーション、創造性の低下……リーダーが細かく指示を出すため、メンバーが自己決定や自己判断をする余地がなく、メンバーのモチベーションや創造性を低下させる原因となることがあります。
・プレッシャーの増加……リーダーがメンバーの業務を細かく監視するため、メンバーがプレッシャーを感じることがあり、メンバーのストレスや不安を引き起こす原因となることがあります。
・時間の浪費……リーダーがメンバーの業務を細かく監視するため、業務時間が必要以上に長くなることがあり、業務の効率を低下させる原因となることがあります。

- チームワークの低下……リーダーがメンバーに対して一人で細かく指示を出すため、メンバー同士のコミュニケーションや協力の妨げとなり、チームワークが低下することがあります。

　3つ目は、「やらせる」です。仕事であれば、ときには本人の意向と異なる業務も発生しますが、そうした場合にNGの「やらせる」は、

- 本人だけでは実行が難しい業務などに対して「必要な手順の説明もなくやらせる」こと
- 機械的に仕事を依頼し、具体的な仕事の「目的やゴールの説明もなくやらせる」こと
- まだ何もわからない状況のメンバーに対し、丸投げ状態で「とりあえずやらせる」こと

　このような仕事の采配では、せっかく貴重な経験となるはずだった業務であっても、具体的な目的も見えないままこなすだけの「作業」となってしまい、メンバーの成長の機会を阻害してしまいます。

　あなた自身の指導を振り返ってみていかがでしょうか。メンバーの話も聞かずに一方的に自分の考えをぶつけたり、メンバーの業務を細かく監視したり、説明なく業務を丸投げしたりしていないでしょうか。少しでもこの「言う、教える、やらせる」に心当たりがあるのであれば、すぐに改めたほうがよいでしょう。これらの行為はいずれも一方通行のコミュニケーションであり、ともすればメンバーには「上から目線」な態度に映ってしまう危険性があります。

　つねに「横から目線」を意識し、「言う、教えてあげる、やらせる」を減らしていけば、よりメンバーに寄り添ったマネジメントを行うことができるはずです。**目線を合わせた指導こそ、フラット・マネジメントの実践においては欠かせない重要なポイント**なのです。

思考 **5**

STANCE 10
伴走者として、ともに走る。

アクション **22** まとめ

- 相手があなたの言葉に耳を傾ける気になる「言い方」を心がける
- 「過剰な」指導は、部下の成長の妨げになる
- 「やらせる」場合は、目的を見出せない「作業」にならないように注意
- 指導をするときは、目線を相手に合わせて行うようにする

アクション**23**

## 「聞く、問いかける、提案する」をやってみる。

　前項では「言う、教えてあげる、やらせる」という、マネジメントで気をつけたいNGポイントを押さえました。それでは、適切なチームマネジメントにとってプラスになるやり方、求められるマネジメントとはどのようなものでしょうか。

　そもそも、メンバーはどのようなマネジメントを理想としているのか。新入社員を対象としたある調査では、上司に期待することのトップ3として、以下の3点が挙げられています（「新入社員意識調査2022」リクルートマネジメントソリューションズ、2022年6月）。

　　・相手の意見や考え方に耳を傾けること（54.1％）

　　・一人ひとりに対して丁寧に指導すること（44.2％）

　　・好き嫌いで判断しないこと（33.5％）

　この結果からも、メンバーはリーダーに対して「フラットな姿勢」と「思いやりのある態度」という、人として当然の対応を求めていることがわかります。[12]

　Google社が提唱しているマネジメントに必要な「8つの習慣」においても、リーダーに求められるスキルというのは、本来はごく当たり前に行われるべき行為であり、普遍的な要素が多々含まれています。メンバーがリーダーに求めることと「8つの習慣」を、われわれなりに「横から目線」の視点で整理すると、重要なのは**「聞く、問いかける、提案する」**という3つのスキルであると考えています。リーダーとしてどういった態度で聞き、会話をフォローしていくとよいのか、具体的なアクションに落とし込みながらご紹介していきます [図04]。

STANCE 10

伴走者として、ともに走る。

| | 習慣 | 具体的なアクション |
|---|---|---|
| 1 | 良いコーチになる | ・フィードバックは具体的に<br>・ネガティブフィードバックとポジティブフィードバックをバランスよく<br>・定期的に1on1で対話をする<br>・メンバーの強みに適した解決法を示す |
| 2 | メンバーに権限を委ねて、マイクロマネジメントしない | ・メンバーに自由を与えつつ、アドバイスも受けられるバランスを取る<br>・チャレンジができるストレッチした課題を与える |
| 3 | メンバーの成功や幸せに関心をもつ | ・仕事以外のメンバーの一面も知るようにする<br>・新人を温かくむかえ、オンボーディングを容易にする |
| 4 | 生産性を高め、結果を重視する | ・チームで達成したいことに焦点を当て、メンバーが達成するためにどんな手助けができるか考える<br>・仕事のプライオリティづけをサポートし、障害を取り除く判断をする |
| 5 | コミュニケーションに努め、メンバーの意見に耳を傾ける | ・聞くことと共有することを大切にする<br>・全員参加の会議を行い、チームのゴールを具体的に提示する<br>・対話はオープンにし、メンバーの疑問や関心に興味をもつ |
| 6 | メンバーのキャリアアップを支援する | ― |
| 7 | チームに対する明確なビジョンと戦略をもつ | ・どんなときもチームのゴールとその戦略に集中する<br>・ビジョン、ゴール、進め方を決める際はチームを巻き込む |
| 8 | チームに助言ができるよう技術的なスキルをもつ | ・必要なときはチームと肩を並べて仕事をする<br>・仕事における具体的な課題を理解する |

[図04] Google社が提唱する「最高のマネージャーになるための8つの習慣」

　1つ目の「聞く」は、さきほどの調査でも「相手の意見や考え方に耳を傾けること」がトップに挙げられているように、とても重要なアクションです。マネジメントする側は伝えたいことがたくさんあって、ついつい話す側になってしまいがちですが、本来はメンバーの声や意見にしっかりと耳を傾け、状況をきちんと把握したうえで、はじめて伝えるべき内容を定めるのが正しいプロセスのはずです。

　とくにリモート下においては、コミュニケーションの回数も限られるため、より細やかなフォローが大事です。一人ひとりの意見や考えをしっかりと理解するためにも定期的な1on1の実施や、メンバーの要望があればチームでのランチミーティングを設けるなど、気軽に話せる場も積極的につくるようにしましょう。

　注意したいのは、自然と**相手が話したいことを「聞く」のが大切なのであって、質問攻めにして「聞き出す」かたちになってしまっては本末転倒**です。相手の心地よいペースを知るためにも、最初は少ない頻度から「聞く」機会を設けて、**相手のベストなタイミング、回数を探る**ことが大切です。

　2つ目は「問いかける」です。1つ目の「聞く」にも関係してくる内容になりますが、いくらメンバーの意見を聞きたいと思っていても、相手がうまく言語化できない事象があったり、上司に対して的確に話せなかったりするのはよくあることです。そうしたとき、マネジメント側が状況を丁寧に紐といて「問いかける」ことで、メンバー自身も順を追って考えることが可能になり、会話しながら頭の中が整理されていくはずです。

　このときに注意したいのが、**決して「誘導尋問」にならないようにすること**です。あくまでリーダーに求められるのは、話しやすい状況をつくるために「問いかける」行為です。とくに、自分の思いどおりに動いてもらえなかったときやミスが発生したときは、自身にも焦りが生じてしまいがちで

すが、そんなときこそ冷静に「なぜそのようなことが起こったのか」、「どうすればカバーできそうか」と、**相手に解を委ねる問いかけを意識しながら指導していく**とよいでしょう。

　3つ目は「提案する」です。冒頭の調査でも「一人ひとりに対して丁寧に指導すること」が上位に入ってきているように、メンバーはリーダーからの「指導」自体は欲しています。ただし、その指導が一方的な押しつけの場合、若者からは拒絶されてしまうことでしょう。そこで「提案する」というかたちが活きてきます。たとえば「〜〜しろ！」と決めつけた指示を出すのではなく、メンバーに合った複数のやり方を提示すれば、彼らは候補のなかから主体性をもって選ぶことができます。自ら選んだ業務であればやる気もでますし、何より自分に決断を委ねられた事実が自信へとつながるはずです。

　指導の場面だけに限らず、チームの最終決定を行うときなども、リーダーが先導しつつチーム全体に決定事項を「提案」することで、参加者全員がその決定を「自分ゴト化」できるでしょう。**断定的な発言ではなく「提案」のかたちをとることでチームの団結力を高めることが可能になる**のです。

　「聞く、問いかける、提案する」という行為は、一方的に情報を伝える「言う、教えてあげる、やらせる」とは違い、双方向のコミュニケーションを築くための行為です。つまり、「聞く、問いかける、提案する」を意識することで、「言う、教えてあげる、やらせる」という偏ったコミュニケーションを避けることができます。

　また、アクション22でも触れたように、「横から目線」という視点をもつことも大切です。とくに「聞く、問いかける、提案する」は、リーダーであるあなた自身のアクションに委ねられる部分が多いため、より一層、

メンバーの視点に立って「横から目線」を意識していくことが必要です。このような視点をもつことで、メンバーもあなたの「フラット」で「思いやり」のある伴走に心地よさを感じながら、自分の仕事のスピードを加速させていくことができます。

アクション **23** まとめ

- ・「聞き出す」ではなく、相手が自然と話すことを「聞く」
- ・「誘導尋問」ではなく、相手にゆだねて「問う」
- ・「断定的な発言」ではなく、相手が選べる「提案」

# STANCE 11
# 部下から学んで、
# 自分をアップデートする。

アクション**24**

## 恥をかくことを恐れない。

　どんなにフラットな考え方をしようとしても、部下（メンバー）と同じ目線でいようとしても、上司（リーダー）という立場である以上、そこまで積み重ねてきた自分なりの仕事の経験や、会社における自らの立場なども影響し、プライドが邪魔をしてしまうことがあります。そこに至るまでの自分の経験や実績についてプライドをもつのは自然なことであり、チームを率いる立場としても良いことだともいえます。ただし、メンバーとのコミュニケーションにおいては、そのプライドが妨げになることもあるので注意が必要です。

　すでに述べてきたように、リーダーだから偉いというのは一昔前の感覚です。立場としては指揮系統の上流に位置していますが、それは組織内での役割の違いにすぎません。「あなた自身がどういう人なのか」が問われるいまの時代においては、リーダーだから、年長者だから、といった思い込みをもってメンバーに接するのではなく、**すべての事がらに対してプライドを取りのぞき、素直なスタンスで接する必要があります。**メンバーに対していかにフラットに、そして無意味なプライドをもたずに接することができるか、それがもっとも重要なことなのです。

　この「**素直**」であるということも、とても重要なキーワードです。立場的なプライドや思い込みを捨てるということは、何ら先入観をもたずに相手を素直な目で見つめ、自らも素直な意見や考えを伝えることができる、そうした関係性を築くことを意味します。メンバーを通じて知る新しい情報や経験に対しても、自らの考えや価値観を押し付けず、一度受け入れてみるのがポイントです。指示する立場である以上、自分の経験則や価値観にもとづいて判断するケースも多々あると思いますが、本当に自分の考えが正しいのか、自身の思考や価値観を疑う目線をもつことが大切なのです。

　また、自分が知らないことに対しては、「知らない」「わからない」と素直に伝え、どういう意味なのか教えてほしいと、メンバーに聞いてみるといいでしょう。プライドをもつということは、別の角度から見ると「失敗したくない」「恥をかきたくない」という想いから、自分が正しいという考えにしがみついているともいえます。「リーダーなのにそんなことも知らないの？」と思われたくない、そんな想いが頭をよぎるかもしれませんが、時代が変われば情報の意味も変化しますし、世代が違えば受け取り方が異なる可能性もあります。**知らないことがあるのは当たり前であり、けっして恥ずかしいことではない**のです。知らないことがあったとしても、それを改めてメンバーから学べばよい、こうしたスタンスで日々コミュニケーションを取ることで部下からも信頼され、何よりもあなた自身が得るものがより多くなるはずです。

　自分だけの知識や能力でできることには、どうしても限界があります。あなたが一人のプレイヤーではなく、チームをまとめるリーダーという立場であるならばなおのこと、**チームメンバーがもっている知識や経験、能力を積極的に取り入れて活用するべき**です。なぜなら、リーダーはメンバー

に対して一方的に指示を与えるだけの存在ではなく、あくまでそのチームの中の一つの機能であり、その役割は、チームメンバーそれぞれの能力をいかに引き出し、チームとしての成果を最大化していくのか、という点にあるからです。

そのためにも、リーダーという立場に囚われず、まずはプライドという鎧を脱ぎ捨てて、素直な姿勢で相手に向き合っていくことにトライしてみてください。

アクション **24** まとめ

- いったんプライドを捨てて、メンバーと向き合う
- 「知らない」「わからない」は恥ずかしいことではない
- メンバーは自分が知らないことを知っている

アクション**25**

## チーム効率の最大化を意識する。

　アクション24では、メンバーと接するうえで重要な「プライドを捨て素直に向き合う」という意識（マインド）について触れました。ここでは、その結果としてもたらされる効果についてみていきます。

　リーダーという立場や自身の価値観に翻弄されず、プライドを捨て、素直な姿勢でメンバーと向き合うことによって得られる最大の効果は、**メンバーから学び、自身にとって新しい知識や経験を得ることができる**ということです。

　リーダーという役割について、メンバーを指導する立場であり知識や経験を与える存在であると思い込みがちですが、ただメンバーに教えて育てるだけであるという認識は、いまという時代の価値観のなかでは少し時代遅れだといえます。メンバーから学ぶことができるという意識をもち、それを実践することで自らも成長して成果を上げていく、それこそが時代に合ったリーダー像なのです。

　そして、リーダーにとってもっとも重要なのは、そのチームがいかにして成果を上げていくかということです。リーダーやメンバーという立場を超えて学び合うことは、チームとしての知識や経験を最大化させ、結果につながる循環を生み出す第一歩なのです。

　リーダーはメンバーよりも仕事の経験が豊富であり、さまざまなノウハウをもっているといえるでしょう。一方でメンバーも、リーダーが想像しえない発想をもっているかもしれないし、いち早く時代の新しい技術を体験しているかもしれません。また、メンバー自身ではその価値に気がつかなくても、経験豊富なリーダーからすればビジネスチャンスを生む力を

もっているかもしれません。こうして双方のもてる力をシェアしあうことで、一人ではなし得ない、より良い結果を生む可能性が広がります。いわばそれは、チーム全員で**「経験と知識のエコシステム」**をつくる作業です。チームメンバーの一人ひとりがもつ経験や知識をチーム全体でシェアすることで各々が学び、さらに個々人の力を高める循環構造が、チームとしての成長につながっていきます[図05]。

[図05] チーム全体という視点で、成長の最大化を考えることが大事

　最近の事例でいえば、2023年のWBC（World Baseball Classic）は記憶に新しいところです。日本代表チームは大谷翔平選手をはじめとして、多くのスター選手を擁していましたが、個々人の実績やスター性などを押し出すことなく、つねにチームの一員として各々がもてる能力で貢献し、「チームで優勝すること」を目的として役割を果たしていました。メジャーリーガーかどうか、年上か年下か、プロ何年目かなど、目的に関係のない要素でお互いを判断せず、日本代表チームの優勝という共通の目的のもと、それぞれの知識や経験を惜しみなくシェアしあうことで、大きな結果を残すことができたのです。会社におけるリーダーとメンバーとは違いますが、立場に関係なく双方で学びあい、高い目標に向かっていく好事例だといえるでしょう。

　経験と知識のエコシステムをつくり上げるには、**立場を超えて学ぶものがあることを理解し、つねに相手に対するリスペクトをもつことが大切**です。それぞれのチームメンバーに興味をもち、彼らがもっている経験や知識、そして強みを把握しましょう。自分がメンバーから学んだポイントを記録し、共通するポイントを見つけていくと効果的です。そうすることでメンバーの得意分野が浮かび上がり、より密度の濃いエコシステムをつくることができます。

　また、このエコシステムをつくり上げながら、リーダーの立場だからこそできることがあります。エコシステムはあくまでチーム全体のスキルアップに貢献する仕組みですが、そこからさらに見えてきた個々人の適性や長所を見極め、相性のよい業務、効果的にその人が力を発揮できる業務に配置していくということです。われわれはこれを**「適力適所（テキリキテキショ）」**と呼びます。たんに適任者を任命するだけではなく、そのメンバーが本当に「力」を発揮できるのか、これを軸に考えることが重要です。

STANCE 11
部下から学んで、自分をアップデートする。

「適力適所」が実現すると、チームメンバーそれぞれが得意な分野で力を発揮でき、仕事の精度が上がるだけでなくモチベーションアップにもつながります。チームのパフォーマンスを向上させ、さらにモチベーションも高く保つことで、より結果を出せるチームに近づけるはずです。

アクション **25** まとめ

- プライドを捨てて素直に向き合うことで、自らも得るものが多い
- 個人の立場に縛られずチーム全体の成長を意識する
- チーム内における経験や知識の最大化を行い、パフォーマンス向上へつなげる
- マネジメントの視点では「適力適所」を意識する

思考

**6**

# 嫌われない建前より丁寧な本音

～叱れないのは、
自分へのやさしさでしかない～

# STANCE 12

## 「心理的安全性」が高い場をつくり出す。

アクション**26** チームの居心地の良さは、あなたの言動次第。

アクション**27** 「配慮」は必要だが「遠慮」は不要だと心得る。

# STANCE 13

## 等身大で対話する。

アクション**28** 「きれいごと」ではなく「本音」を丁寧に伝える。

アクション**29** 誰よりも「素の自分」を見せる。

# STANCE 14

## 怒らず、丁寧に「叱る」。

アクション**30** 「怒る」「叱る」の違いを理解する。

アクション**31** メンバーのよい部分を「引き出す」。

# STANCE 12
# 「心理的安全性」が高い場を
# つくり出す。

## アクション 26

### チームの居心地の良さは、あなたの言動次第。

　コロナ禍の影響で、毎日出社するのが当たり前だった日常から、在宅勤務やリモートワークへと働くスタイルが急激に変わったという方も多いのではないでしょうか。この変化は働く場所の制限を取り払ったり、時間の使い方をフレキシブルにしたりと多様な働き方を実現した反面、「表情を観察する」「挨拶や雑談を交わす」といったメンバーの何気ないようすを察する「コミュニケーションの機会」を失わせ、さまざまな弊害も引き起こしています。

　そのひとつに、**「リモートネイティブ」**と呼ばれる2020〜2022年入社の新入社員やその期間の中途入社社員、彼らへのオンボーディングがうまくいかないという問題があります。また、コロナ禍以前に入社した社員であっても、部署異動や新チームへの参画の際に同様の問題が発生しており、企業にとっては新たな経営課題となりつつあります。

　新メンバーのオンボーディングがうまくいかないといつまで経ってもチームに馴染めず、メンタル不全やモチベーションの低下といった悪影響を引き起こしてしまいます。こうしたコミュニケーションレスによる負の状況を改善するために、リモートワークから原則出社へと「出社回帰」する企業も増えています。

　しかし、ただ出社回帰すれば解決できるかというとそうでもありません。完全リモートワークでも成果を出すチームはありますし、完全出社でも成果が出ないチームも存在しています。では、成果が出るチームと出ないチームとでは一体何が違うのか。その鍵として注目されているのが**「心理的安全性」**です。

　「心理的安全性」とは、ハーバード・ビジネススクールのエイミー・C・エドモンドソン教授が1999年に提唱した概念で、**「他者からの反応に怯えたり、羞恥心を感じたりすることなく、自然体の自分を安心してさらけ出せる環境や状態のこと」**を指しています[13]。

　この「心理的安全性」は、Googleが2012年から開始した労働改革プロジェクト「プロジェクト・アリストテレス」における約4年間にわたる調査分析の結果、生産性の高いチームの条件としてもっとも重要な要素であると発表されたことで注目を集めました。その発表のなかで、心理的安全性の高いチームのメンバーは、

- 離職率が低い
- 他チームが発案した多様なアイデアをうまく利用できる
- 収益性が高い
- 効果的に働くとマネージャーから評価される機会が2倍多い

という特徴が挙げられています。それゆえGoogleでは、リーダー自らが現場作業においてパフォーマンスを発揮するのではなく、チームメンバーがパフォーマンスを発揮して最大の成果を上げられる心理的安全性の高い場づくりができる人こそが最高のリーダーであるとさえいわれています。

　日本におけるいわゆる「プレイングマネージャー」は、現場作業もしながらマネジメントも行うリーダーのことを指しますが、そうした中途半端なマネジメントは良しとされず、本当の意味でリーダーが担うべきマネジメントの役割をプレイングすることが求められているといえます。

STANCE 12
「心理的安全性」が高い場をつくり出す。

　では、具体的にどのような行動がチームの心理的安全性を高め、居心地のいい場を保つことにつながるのか。リーダーが押さえておきたい主な「5つの姿勢」をみていきましょう。

**心理的安全性を高める5つの姿勢**

① 相手の話に耳を傾けたり、チームメンバーから学んだりする「**積極的な姿勢**」を示すこと

② 前向きな相づちや反応で「**理解しようとする姿勢**」を示すこと

③ 感謝の気持ちやポジティブな反応を伝えて「**受け入れる姿勢**」を示すこと

④ メンバーの意見に耳を傾けて「**意思決定に参加させる意思がある姿勢**」を示すこと

⑤ 自分の軸をしっかりともって「**頑固とは違う自分軸や自信のある姿勢**」を示すこと

　顔を合わせる機会が減っているリモートワーク環境では、こうした姿勢を明確に示していくのは難しいことではありますが、1 on 1や日ごろのミーティングでつねに「話し方」や「聞く姿勢」を意識していけば、チームの心理的安全性を高めることは可能です。大事なのは「5つの姿勢」を示すことで、**メンバー全員が相互に信頼し合えて、「このチームでは何を言っても大丈夫。自然体の自分でいられる」**と思えるような状況をつくり出すことです。

　それでは具体的に確認してみましょう。「アイデアをもち寄る」という議題のリモートでの打ち合わせを想定します。心理的安全性を保つためには、どんな進行が必要になるでしょうか。

① 積極的な姿勢……最初にあなたが導入となるアイスブレイクを行ったり、ちょっとした近況の話をしたりすることで「積極的な姿勢」を示し、チームをよい雰囲気へと導きます。

② 理解しようとする姿勢……メンバーの発言に対してはしっかりとカメラをオンにして頷いたり、マイクだけの場合でも相づちを入れたりして「理解しようとする姿勢」を見せましょう。

③ 受け入れる姿勢……もしメンバーの提案がイマイチだなと感じたとしても、頭ごなしに否定するのではなく、まずはしっかりと考えてきたことへの感謝を伝え、そのなかでもよくできているポイントを見つけて「受け入れる姿勢」を示すことが大切です。改善点や気になる点を指摘するのは、そのあとのほうが効果的です。

④ 意思決定に参加させる意思がある姿勢……もち寄ったアイデア案を絞っていく段階では、チームメンバーの意見をよく確認することで「意思決定に参加させる意思がある姿勢」を示しましょう。

⑤ 頑固とは違う自分軸や自信のある姿勢……最終決定で大事なのは、選んだアイデアが最初の方針や内容に合致していることです。あなたの軸がぶれていないことが求められます。

　リモートワーク環境にあっても、リーダーとして心理的安全性を保つために必要な姿勢を示すことはじゅうぶんに可能なのです。
　また、われわれのチームでも実践しているちょっとしたTIPSの一部をご紹介しておきます。

「心理的安全性」が高い場をつくり出す。

## リアルでも、リモートワークでもできる
## 居心地の良さをつくるためのちょっとした工夫

［リアル環境において］

● **コミュニケーションを円滑にする**

・ちょっとした会話を覚えておき、「そういえば、このあいだ言ってた○○はどうだった？」といったように些細な話題でも広げていく。

・相手が自発的に話した内容は、できるだけ覚えておくようにする。

・複数人で一緒にいる場合は、1対1ではじまった話題でも、他のメンバーも巻き込むような会話を意識する。

・リモート環境での仕事ぶりや、対応などについての感謝の言葉は、できるだけリアルで会っているときに伝える。

● **仕事を円滑にする**

・リアルで業務することを前提にせず、「リアルで実施しても問題ないか」を確認するなど、つねに相手と意識を合わせるようにする。

・リアルな場面でこそ行うべき仕事のテーマを整理する。

・相手に対する指導や指摘など、話しにくい話題こそリアルの場面で伝える。

［リモート環境において］

● **コミュニケーションを円滑にする**

・リアルで会話する機会が少ない場合は、仕事の対応などに対する感謝の気持ちは、些細なことでも小まめに伝える。

・顔が見えないからこそ、急ぎではなくともあえて電話で話す話題をつくり、相手のタイミングに応じて会話する機会をつくる。

・「いますぐ」に対応できるかなど、相手の状況を確認するようにする。

● **仕事を円滑にする**

・話題に応じてチャット、電話、リモート打ち合せなどを使い分ける。

・込み入った話題になりそうな場合は、できる限り電話で会話する。

・どのツールで会話しているときも、できる限り早めに反応する。

・自分がすぐに反応できない場合は放置せず、「いま○○なので、今日には回答します」など、自分の状況を伝えるようにする。

・リモート打ち合せでは、積極的に他のメンバーの意見を確認して、できるだけ発言しやすいようにする。

・リモート打ち合せでは、参加者と事前に議題を整理をするようにし、スムーズな会議進行と、円滑な発言機会の創出につなげる。

　リーダーであるあなたが、日ごろから積極的に意識していくことで、チームの心理的安全性が確保されます。チームの居心地のよさは、あなた次第なのです。

アクション **26** まとめ

- ・ リモートワークでも出社でも、チームに大事なのは「心理的安全性」
- ・ リーダーに求められるのは、リーダー自身のパフォーマンスではなく、チームメンバーのパフォーマンスを最大化する環境づくり

アクション **27**

## 「配慮」は必要だが「遠慮」は不要だと心得る。

　心理的安全性の低いチームには、以下の**「4つの不安」**があるといわれています。そのままにしておくとどんな影響があるのかみていきましょう。

① 無知だと思われる不安……「こんなことも知らないの？」と言われたくない、思われたくないという感情が生まれ、質問や相談が気軽にできないという弊害が生まれます。メンバーが理解不足のまま作業を進めてしまうことによって、後になって大きなミスやクレームなどのトラブルにつながってしまうケースがあります。「なんでもっと早く聞かないんだ！」と思うかもしれませんが、そもそもあなたがこうした不安を生み出している可能性が高いので注意が必要です。

② 無能だと思われる不安……「こんなこともできないの？」と言われたくない、思われたくないという感情が生まれ、①と同様に質問や相談が気軽にできないという弊害が生まれます。加えて、ミスを隠してしまう危険性すらあります。そうしたケースもメンバーのせいではなく、ほとんどの場合、リーダーであるあなたが心理的安全性の低い居心地の悪い環境をつくってしまっているせいだと認識する必要があります。

③ 邪魔だと思われる不安……「場を乱したりしてないかな……？」と自分の居場所を失いたくないという感情が生まれ、リーダーや他のメンバーの顔色をうかがうようになります。意見を出したほうがよい場面でも積極的に発言ができず、他の意見に賛成するだけのイエスマンになってしまうという弊害が生まれます。こうした状況では活発な意見交換や斬新なアイデアは生まれにくくなってしまいます。

④ 否定的だと思われる不安……「こんなこと言っても大丈夫かな……？」
とネガティブな印象をもたれたくないという感情が生まれ、反対意見や
懸念点などを発言することができないという弊害が生まれます。それに
よって、十分に議論されないままメンバーの納得度の低い意思決定がな
されてしまうなどの危険性が出てきます [図01]。

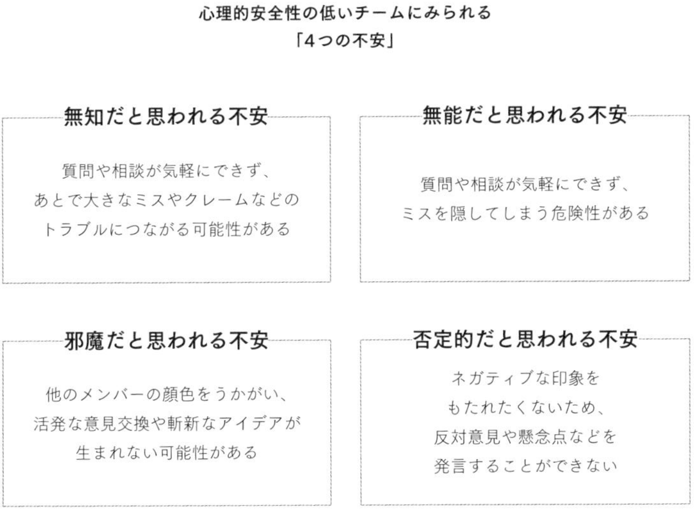

**心理的安全性の低いチームにみられる
「4つの不安」**

**無知だと思われる不安**

質問や相談が気軽にできず、
あとで大きなミスやクレームなどの
トラブルにつながる可能性がある

**無能だと思われる不安**

質問や相談が気軽にできず、
ミスを隠してしまう危険性がある

**邪魔だと思われる不安**

他のメンバーの顔色をうかがい、
活発な意見交換や斬新なアイデアが
生まれない可能性がある

**否定的だと思われる不安**

ネガティブな印象を
もたれたくないため、
反対意見や懸念点などを
発言することができない

[図01] 心理的安全性の低いチームにみられる「4つの不安」

　メンバーへの配慮を一切せず、意識的であれ無意識であれマウントを取り合うような環境だと、メンバーは意見を出しにくくなり、チームにとって大切な意見やアイデアをもっている場合であっても、「無知だと思われる不安」や「無能だと思われる不安」が先に立ち、意見が埋もれてしまいます。また逆に、過度に配慮しすぎるとチーム全体に「遠慮の空気」をもたらし、「邪魔だと思われる不安」や「否定的だと思われる不安」を引き起こしてしまう可能性があります。**「配慮」は必要ですが「遠慮」は不要**なのです。このバランスを取れるかどうかがフラット・マネジメントのポイントです。

　そして、勘違いしてほしくないのは、**メンバーだけが何でも言える環境を作ればよいというわけではない**ということです。大事なのは相互信頼です。リーダーであるあなたも含めて、全員が言いたいことを言える環境をつくらなければ意味がありません。

　日本人特有の「本音と建前」という慣習で、本音を隠して「きれいごと」を並べ、その場を当たり障りなくやり過ごしてしまっては、メンバーとの

[図02]「うわべバリア」があると、心理的安全性は築かれにくい

間に「うわべバリア」ができてしまい、「遠慮の空気」をもたらしてしまいます。こうした**「うわべコミュニケーション」**では、何でも言い合える関係性を構築することはできません [図02]。

　メンバーの顔色を伺うあまりに、本来伝えるべきことさえも伝えられないのは相手のためになりません。それは、ただ単に嫌われたくないという自分自身の保身でしかないのです。一方的ではなく双方に何でも言い合える関係性を築いていくために、心理的安全性の低い居心地の悪いチームになってないか、つねに注意を払いましょう。

アクション **27** まとめ

- 適切な「配慮」と「遠慮」のバランス感覚をもつ
- リーダーも含めて、チーム全体で言いたいことを言い合える関係を意識する
- 遠慮しすぎて「うわべコミュニケーション」にならないようにする

## STANCE 13

# 等身大で対話する。

アクション**28**

## 「きれいごと」ではなく「本音」を丁寧に伝える。

　「うわべコミュニケーション」はメンバーとの関係性を築くのに妨げになると述べましたが、そもそも、なぜこうしたコミュニケーションが生まれてしまうのでしょうか。その原因のひとつが「ハラスメント問題」だといえるでしょう。

　昨今では多くの言動が「○○ハラ」だといわれ、さらに「ハラスメントだ！」と過剰に主張することにまで「ハラハラ（ハラスメント・ハラスメント）」という名称がついているほどで、コミュニケーションを取る双方にとって扱いの難しい問題となっています [図03]。

　リーダーからすれば、何かあればすぐにハラスメントだといわれてしまう世の中では、メンバー（とくに新入社員）を腫れ物に触るかのように扱ってしまうのも無理はありません。しかし、ハラスメントを恐れるあまりに嫌われないよう「きれいごと」だけを並べて建前をいう「うわべコミュニケーション」をしていては、いつまで経っても心理的安全性の高い居心地のいいチームをつくることはできません。

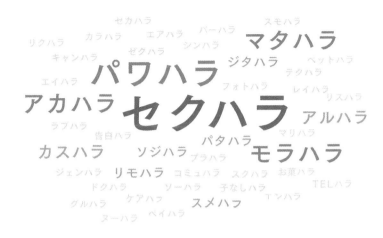

**[図03] さまざまなハラスメントが蔓延している**

　p.105でも例に挙げた「作成を頼んだ資料へのフィードバック」を参考に、「うわべコミュニケーション」にどのような危険が孕んでいるのかを考えてみましょう。

　作成を頼んだ資料に修正の指示を入れること自体は、もちろん何ら問題のない行為ですが、より良くなるように修正を指示しても「細かく指摘をされて不愉快な思いをした」とか、言葉を選んで指導をしても「あの発言はパワハラだ」などといわれてしまうかもしれない、そんな不安からお礼だけを伝え、自身で資料の手直しをしたとします。しかし、それを後からそのメンバーが見たら「なぜあのとき何も言ってくれなかったのか」「自分を指導して成長させてくれる気はないのか」と感じてしまうかもしれません。よかれと思って「うわべコミュニケーション」になり、また、保身から自らの考えをちゃんと伝えなかった結果、相手の不信感を買ってしまう危険があるのです。

　こうした負のスパイラルから脱却するためには、相手にしっかりと自らの**「本音」**を伝える必要があります。そのためにはお互いに何でも言い合える関係性が築かれ、「本音」を言える環境が整っていることが前提になります。

　そうはいってもどのように本音を伝えればよいのかわからない、という人も多いはずです。コロナ禍のコミュニケーションに関するある調査では、約6割の人が「会話の減少」を実感していると回答しており、チーム内での会話不足を感じている人も少なくありません。そうしたなかでハラスメントにならないよう、メンバーに誤解されないようにあなたの「本音」を届けるためには、意識的に**「本音の伝え方」**を磨く必要があります。

　この「本音の伝え方」を磨くのに有効なのが、**「アサーティブ・コミュニケーション」**です。アサーティブ・コミュニケーションとは、1950年代にアメリカで開発された心理学療法の一種で、自分と相手の双方を大切にしながら自己表現・自己主張を行う、自他尊重のコミュニケーションのことです[14]。

　アサーティブ・コミュニケーションでは、自己表現は次の3つのタイプに大別されています。

・アグレッシブ（攻撃的な自己表現）……相手よりも自分を優先した自己中心的な自己主張。
・ノンアサーティブ（非主張的な自己表現）……自分よりも相手を優先した受け身的な自己主張。
・アサーティブ（主張的な自己表現）……相手と自分の両方を尊重した自己主張。

　自分自身の権利や感情を大切にする一方で、相手の権利や感情にも配慮することができるアサーティブな人になるためにはどうすればよいのでしょうか。それを知るためにも、まずは「本音の伝え方」をこの分類に当てはめてタイプ別に整理してみましょう。

● アグレッシブな人の本音の伝え方

　「上から目線」「理詰め」「命令的」「一方的」「威圧的」「感情的」「権威的」であり、相手を萎縮させてしまって信頼関係を築くことができません。このタイプには、プレイヤーとしては優秀だった人が多く、悪気がないことが多いので「ナチュラル暴君タイプ」といえます。

　また、アグレッシブの人のなかには、直接、攻撃的な自己主張はせずに、大きなため息をつく、舌打ちをする、意図的に目を合わせない、無視をするなど、「無言で察しろ殿様タイプ」も含まれています。こうした人は言葉ではなく不機嫌な態度で本音を伝えようとするため、なぜ不機嫌になっているのかが正確に伝わらず、言わずもがなですがナチュラル暴君タイプ以上に相手との信頼関係を築くことができません。

● ノンアサーティブな人の本音の伝え方

　まさに前述した「うわべコミュニケーション」になってしまう人です。相手に率直に自己主張することができない「きれいごと仮面タイプ」のため、ストレスを溜め込みがちで心の底では相手に不満を抱いてしまい、こちらもまた信頼関係を築くことができません。

● アサーティブな人の本音の伝え方

　「誠実」「率直」「丁寧」「建設的」「客観的」「具体的」であり、そして「横から目線」な「フラットマネージャータイプ」です。

　では、それぞれのタイプのリーダーが実際のビジネスシーンにおいてどういう対応を取るのか、「メンバーに作成を依頼した資料が期日までに提出されなかった」という事例でみてみましょう。

① アグレッシブな「ナチュラル暴君タイプ」

> 昨日までに資料送れって言ったよね？ やる気ある？ ちゃんとやれよ。いますぐ送ってくれる？

　自分の思いどおりにならなかったことでいきなり感情的になり、ろくに現状把握もせず強い口調で一方的に不躾な本音を伝えてメンバーを追い詰めます。「やる気ある？」といった余計な一言も言ってしまいがちです。メンバーにとって心理的安全性がもっとも低く、居心地が悪いパターンです。

② ノンアサーティブな「きれいごと仮面タイプ」

> 依頼した資料っていまどんな感じかな？ 忙しいなか、対応してくれてありがとう。できているところまででいいから送ってもらえるかな？
> （面倒な人だと思われたくないから最悪自分でやっちゃうか……）

　率直に自分の本音を伝えることができず、きれいごとを並べて「うわべコミュニケーション」になってしまうことで、本人はストレスが溜まりがちです。最終的に自分でやろうとするあまりキャパオーバーになってイライラが爆発して突発的にアグレッシブになる危険性もあります。
　また、とりあえず褒めたり感謝したりしておけばよいだろうという考えが透けて見え、メンバーにも本音で話してないのが伝わってしまうので、

そこから不信感が芽生える可能性もあります。

③ アサーティブな「フラットマネージャータイプ」

> 昨日までにお願いしていた資料がまだ来てないけど、状況はどうなってるかな？ もし不明点があってまだできてないのなら、クリアにして今日中に資料作成を終わらせちゃいましょう。あと、期日に間に合わないようであれば事前に一報を入れてほしいので、次回から気をつけてくださいね。こちらもできるだけ事前にアラートするように心がけるので。よろしくです。

　感情的にならずに冷静に現状確認・把握を行い、メンバーと一緒になって直面している課題を解決しようとします。また、改善してほしい点については率直かつ具体的に伝えて、メンバーの主体的な改善と成長を促します。本音を伝えているのでストレスも溜まらず、メンバーにとっても心理的安全性が高いうえに成長を実感できるもっとも居心地のよいパターンだといえます。

　これらの対応からもわかるように、説明が短かったりコミュニケーションが少なかったりすると良い結果につながりません。かつて阿吽の呼吸で仕事を進めていた優秀なビジネスパーソンほどそうしたコミュニケーションに陥りがちですが、コミュニケーションの機会や会話が減少した現代においては、少し面倒に感じるくらいの丁寧な説明が必要なのです。

　また、アサーティブ・コミュニケーションを実践するときのコツとして、YOU（相手）を主語にした「YOU MESSAGE」ではなく、I（私）を主語にした「I MESSAGE」にする方法がよく挙げられます。さきほどの例では、アグレッシブな暴君タイプの解答にある「ちゃんとやって」というのは相手

**等身大で対話する。**

主語ですが、アサーティブなフラットマネージャータイプの解答にある「事前に一報をいれてほしい」というのは自分主語になっています。

「I MESSAGE」で伝えることで、自分の発言に自己責任が伴うようになり、相手を責めるニュアンスも軽減して柔らかい表現になりやすい傾向があります。ぜひ実践してみてください。

ところで、「そもそも自分の本音とは何なのか?」と疑問に感じたことはないでしょうか。じつは、多くの人が日ごろの会話や意識のなかで「本音」

あんなの別にすごくない!

自分にだってできる!

本音はあの人がうらやましい?

同様に評価されたい?

そのためにどうすれば?

……

[図04] 自分の本音を見つけるためには、
本心と向き合うことが大事

を認識することができていません。たとえば、ライバル視している同僚が大きな成果を出したと聞いたとき、あなたが「あんなの大したことないのに！」「別にすごいと思わない」と感じたとします。しかし、その根底にあるのは「嫉妬」であり、心の奥底では「うらやましい」「自分も結果を出して認められたい」と思っているのかもしれません。表面的な言葉の裏にある「本心」と向き合い、自分に嘘のない言葉を見つけ出すための**「本音のろ過」**を行って、自分自身の本音と向き合うことが大切です [図04]。

　自分自身の本音を見つけることができたら、それをまた隠してしまうのではなく、「I MESSAGE」を意識しながら、相手と自分の双方を尊重して自己主張をするアサーティブ・コミュニケーションを実践して、あなたの「本音」を丁寧に伝えていく。そうすることで、はじめてメンバーとのフラットな対話ができるのです。

アクション **28** まとめ

- 自分と相手の双方を大事にした自他尊重のコミュニケーションを目指す
- 攻撃的もしくは非主張的な自己表現にならないように注意する
- 「本音」で話すために、自分の本心と向き合うことが大事

アクション **29**

# 誰よりも「素の自分」を見せる。

　アクション28では「本音の伝え方」について、適切な自己表現のあり方をみてきました。次はメンバーの**「本音の引き出し方」**について考えていきましょう。

　心理的安全性を崩す代表的な思考として、よく「完璧主義」が挙げられます。もともとプレイヤーだった時代に完璧主義が功奏して成果を上げてきたリーダーほど、仕事とはそういうものだという固定観念に縛られてしまいがちです。メンバーのミスが許せずに完璧な仕事を求め、できるだけ自分の思い描いた理想どおりに動かそうとしてしまいます。

　しかし、そうした環境では前述した「4つの不安」（p.154参照）から、メンバーはそのリーダーの正解を探すことが主目的になってしまいます。正解から外れて失敗してしまうことを恐れて、積極的かつ自発的に行動できなくなり、受動的な「指示待ち人間」になってしまいます。これではメンバーの心理的安全性は保たれないですし、メンバーが自走して成果を出すチームになることはできません。

　心理的安全性を唱えたエドモンドソン教授によれば、「ミスに厳しいチームほど結果的にミスが多くなる」といった研究結果もあり、完璧主義的な考え方はチームの成果を低下させる可能性すらあるといわれています。そうした環境下では、いつまで経ってもメンバーの「本音」を引き出すことはできないでしょう。責任感の強いリーダーであればあるほど「何とかして会社のために成果を出さなければ」というプレッシャーを感じ、よかれと思って、悪気は一切なく、こうした完璧主義に陥ってしまいがちなので注意が必要です。

　では、「完璧主義的思考」を打破するためにはどうすればよいのでしょうか。まずはリーダーであるあなたが、**「この人は安心できる相手だ」**（＝失敗しても受け入れてくれる／この人のためにも頑張ろう）と思ってもらえるような存在になることが重要です。

　そのために必要なのが**「素の自分を見せる」**ということです。とはいっても、何でもかんでも素の自分を見せればよいということではありません。素の自分をすべて開示する必要はなく、極端にいえば、相手が「素を見せてくれている」と感じ、安心感や信頼感を感じ取ってさえくれればよいのです。メンバーの本音を引き出すうえで、これがもっとも重要なポイントだといえます[図05]。

[図05]「素の自分を見せる」ことで生まれる好循環

　仕事をしていると、「この人は本音を言っているのか？」「この人は何を考えているのか？」という部分が見えなくなることがあり、疑心暗鬼に陥って不安になるものです。安心感を得るということは、近くで働いているリーダーやメンバーであっても、じつは難しいことなのです。ましてや完璧主義のリーダーだと思われてしまったら、メンバーは「自分が失敗したら怒られそうだな」などと感じ、本音を引き出すどころではありません。

## 「素の自分の見せ方」10か条

**1　自分を伝えることだけに固執しない**
　　自分の感情だけを押しつけず、相手の感情もキャッチする

**2　「いい人」に思われようとしない**
　　社会人として身につけてきた"よそゆきの仮面"を一回外してみる

**3　まわりを頼ってきた経験を伝える**
　　自分の「苦手／不得意」な部分をあえて伝えてみる

**4　学びのある「失敗談」を話す**
　　自身のなかだけで実践している「コツ」や「ポイント」を共有する

**5　「アドバイス」ではなく「感想」から伝えてみる**
　　「いいな」と思ったポイントを口に出す

**6　会話に適宜プライベートな要素を混ぜる**
　　部下への個人的な関心を示す

**7　自らの「好き」をオープンにする**
　　自分はどんな仕事をしたいのか先に話してみる

**8　話しやすい雰囲気づくりを意識する**
　　仕事の話だけではなく、アイスブレイクとして雑談もする

**9　相手の状況を踏まえて、自分を伝えるバランス感覚をもつ**
　　自分本位ではなく、相手の立場になってコミュニケーションを取る

**10　素直な感情が伝わるようにする**
　　表面上だけ取り繕っていることは、相手にも伝わっていると自覚する

　なお、仕事の結果を見て「この人は仕事ができる人だ、信頼できる」と思われることもありますが、ここで大事なのは「どうしたら本音を引き出すことができるか」という点です。仕事ができるという意味で信頼されることと、心理的に安心して「本音を話しても大丈夫だ」と信頼されることとでは性質が異なります。

　メンバーの本音を引き出すためには、リーダーであるあなたに対して心理的安全性を感じてもらう必要があります。人は相手が先に自己開示した場合に、自分も自己開示したいという心理が働きます。ですから、「素の自分を見せる」というのは一つのよい手段であり、リーダーにとってとても大事なアクションなのです。

アクション **29** まとめ

- このリーダーは「安心できる相手だ」と思われることが大事
- 「素の自分を見せる」ことこそ、相手に安心され、本音を引き出すために重要な手法
- 素の見せ方には複数のアプローチがあるので、自分ができそうなやり方を選ぶ（できない手法を無理してやると逆効果）

# STANCE 14

## 怒らず、丁寧に「叱る」。

アクション**30**

### 「怒る」「叱る」の違いを理解する。

　最近、「仕事がゆるすぎる」「職場がホワイトすぎる」などの理由で若手社員が退職するケースが増えていて、その背景として**「叱られたい若者が増えている」**ということが話題になっています。こうした退職者が多い企業は**「ゆるブラック企業」**と呼ばれており、「残業やストレスのないホワイトな労働環境を与えられ、実力を養う経験やストレッチもなく、成長実感ももてずに、ゆでガエルにされてしまう企業」と捉えられています。

　一見すると優良なホワイト企業に感じるかもしれませんが、成長実感をもてない時間を過ごさなければいけない情況は、タイパ意識の高い若者にとって非常に危機感を抱く辛い状況であり、「このままではまずい。環境を変えなければ……！」と思われてしまっても無理ありません。

　われわれの調査でも**「自分が成長するために、じつは「叱られたい」「叱られる経験があった方がよい」と思っている」若者は、2人に1人（55.7％）という結果が出ています**[図06]。また、この傾向は世代が若くなるほど高くなっているので[図07]、リーダーがいまのうちからメンバーを適切に「叱れる」ようになっておかないと、今後ますます離職リスクが高まっていき、働きたい企業として選ばれなくなる危険があります。

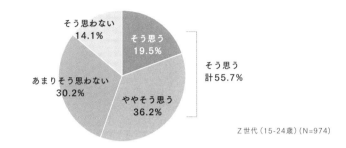

自分が成長するために、
じつは「叱られたい」「叱られる経験があったほうが良い」と思っている

Z世代（15-24歳）（N=974）

[図06] Z世代の成長に対する価値観
ワカモンまるわかり調査（2021年12月）

自分が成長するために、
じつは「叱られたい」「叱られる経験があったほうが良い」と思っている

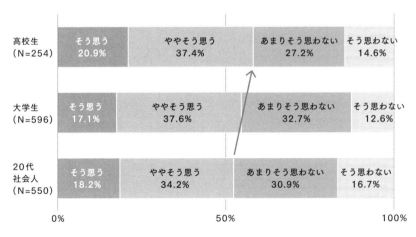

＊20代社会人には、25-29歳も含みます

[図07]「叱られたい」という傾向は世代が若くなるほど高くなる
ワカモンまるわかり調査（2021年12月）

STANCE 14
怒らず、丁寧に「叱る」。

　ここで大切なのは、若者はあくまで適切に「叱られたい」と思っているのであって、「怒られたい」と思っているわけではないということです。この「怒る」と「叱る」の違いをきちんと理解しておくことが、フラット・マネジメントにおいても重要なポイントになります。

　では、「怒る」と「叱る」の違いとは何でしょうか。**「怒る」とは、自分の思いどおりにならなかったことによって、感情的になって怒りを相手にぶつけたり、一方的に相手の人格を否定したりすること**です。こうした「怒る」には、怒られた側の成長を促す要素がなく、ただただ心理的安全性を崩し、モチベーションを低下させてしまうだけの愚行だといえます。**「叱る」とは、組織やチームをよりよい方向に導くために、そしてメンバーにより一層成長してもらうために、改善したほうがよいと思う考え方や行動を、相手に対して客観的かつ丁寧に伝えたうえで対話すること**です。相手の考えや事情もちゃんと考慮しなければなりません。こうした「叱る」には、叱られた側に気づきを与えて反省を促し、成長を実感できるありがたい経験になり、働くモチベーションも高めることになります。

　自分は上司だから偉い、有能であるといった意識が少しでも残っていると、どうしても上から目線になってしまい、メンバーを見下したような物言いになったり、怒鳴ったりしてしまいがちです。ですが、それは「怒る」であり「叱る」にはなっていないのだということを、改めて認識する必要があります。

　そして、「叱る」ときには**場所・タイミング・時間を選ぶこと**も重要です。若者たちは叱られて成長する機会を求めていると述べましたが、とはいっても、叱られるなら何でもよいというわけではありません。いまの若者は、「なぜ自分はその指摘を受けているのか」「どういった意図でこの指摘をしているのか」といった納得できる理由を知りたいと考えます。ですから、叱る言葉も含めて、場所・タイミング・時間を適切に選ぶ必要があるのです。

● 場所

　「叱る」とは、未来へ向けた成長の話を理性的に行う行為です。大事なのは、叱る対象者がしっかりと指摘を理解することであり、さらにその指摘に納得することだといえます。それであれば、何かの意図がない限り、他のメンバーなどにその内容を知られる必要はありません。大勢がいる場所ではなく、個別に呼び出して会議室で話す、他のメンバーがいない時間帯を選ぶなど、対象となるメンバーと向き合う場を選ぶことが大事です。

● タイミング

　たとえば「ずっと思っていたけれど、あなたはなぜそのやり方をしているのか？」という指摘をするとします。これはメンバーにとっては受け入れ難い指摘だといえます。指摘する（叱る）タイミングが遅すぎるからです（アクション17参照）。「ずっと思っていた」のであれば、それはすぐに伝えるべきであり、すぐに言わなかった理由があるのであれば、それをしっかりと明示して伝えることが大切です。叱るタイミングについても、背景や意図、理由が求められるのだと認識する必要があります。

● 時間

　「叱る」時間帯についても意識できるとよいでしょう。たとえば、夜遅い時間に指摘をすると、その時間からできることが限られてしまっている状況になりがちです。これでは指摘されたメンバーはどう感じるでしょうか。自分と一緒の打ち合わせまでの時間を逆算して対応する暇をつくってあげるなど、指摘を受けたメンバーが何らかの行動に移せるよう配慮できればベストです。

　そして最後に、「叱る」うえで大切なのがメンバーとの**「信頼関係」**です。信頼関係がないままに叱っても、「なんでこの人に言われないといけないんだよ……」と思われてしまうだけです。まずは、「この人になら叱られたい」と**「叱られてもいい人認定」**を受けられるくらいの関係性を築かなければなりません。そのためにも普段から心理的安全性を高める場づくりを心がけて、メンバーと自然体で対話することが必要なのです。

　フラット・マネジメントを実践していくためにも「叱る」ことからはぜひ逃げずにトライしてください。叱らないというのは、相手を傷つけないための配慮をしているように見えて、実際は適切に叱ることができない自分への甘えでしかありません。「怒る」ことなく丁寧に「叱る」。それをぜひ意識してください。

アクション **30** まとめ

- ・「怒る」のではなく「叱る」
- ・「叱る」には、場所・タイミング・時間を意識する
- ・「叱る」ためには信頼関係が重要

アクション **31**

## メンバーのよい部分を「引き出す」。

　丁寧に「叱る」ことと同様に、メンバーの成長を促していくうえで意識したいのが、メンバーのよい部分を「引き出す」ということです。そこで参考にしたいのが**「コーチング」**です。コーチングとは、相手の自己成長や能力向上を促すための対話的な支援方法です。一般的に、コーチングを行うリーダーは対話を通じてメンバーが抱える問題や課題を明確化し、その解決策を見つけ出すための過程を示すことで、メンバー自らが解決策を見つけ出して自己成長を達成することを支援します[15]。

　コーチングは、ビジネスやスポーツなどのさまざまな分野で活用されており、目的や方法はそれぞれ異なりますが、基本的には相手自身が問題解決の答えを見つけ出し、自分で行動することを促すことが重要になります。ここでは代表的なコーチングスキルとして、**「傾聴スキル」「質問スキル」「承認スキル」**の3つをみていきます。

● 傾聴スキル

　傾聴とは、文字どおり耳を傾けてしっかりと「聴く」ことです。そして、メンバーの表情やしぐさなどにも目を向けて積極的に聴こうとする姿勢＝**「アクティブリスニング」**が重要になります。少し話を聞いただけですぐにアドバイスしようとする人がいますが、これでは傾聴していることにはなりません。あなたが話すのは2割程度に抑え、残りの8割はメンバーが話をしている状態が理想的だといえます。

　そして、この傾聴するときに効果的なスキルのなかでも、もっとも重要かつ簡単に実践できる行動として、**「うなずき」「あいづち」「アイコンタクト」**

があります。この３つの行動は話しているメンバーに安心感を与えるため、話しやすい空気をつくることができます。

　当たり前のことのように感じるかもしれませんが、じつはこんな簡単なことが意外とできていないものです。たとえば、オンラインMTGの場でリーダーがカメラをOFFにしていると「アイコンタクト」はできないですし、「うなずき」や「あいづち」もかなり難しくなります。ちょっとした間が生まれるだけでも緊張感や不信感につながることがあるので、オンラインMTGでリーダーがカメラをONにするというのは、じつはかなり効果的な傾聴スキルなのです。オンラインでもオフラインでも**「話しかけやすい雰囲気づくり」**を意識することが大切です。

● 質問スキル

　ここでいう質問とは、「あの仕事の進捗はどうなってる？」といった確認が目的の質問ではなく、「何が改善できると思いますか？」といったように**メンバー自身に考えさせることによって気づきや発見を引き出すことを目的とした質問**を指します。質問によって、メンバーの自己成長や問題解決に向けた前向きな気持ちを引き出すことが狙いです。このときに意識したいのが、**「WHY（なぜ）」**ではなく、**「What（何）」**で質問することです。

　よく課題解決に導く分析手法として「なぜを５回繰り返す」ことが有効だといわれますが、メンバーのよい部分を「引き出す」という点においては、問い詰めているような質問になりやすく、じつは逆効果になってしまいます。「なぜミスしたの？」と相手を責めているような聞き方ではなく、「ミスした原因は何だと思う？」「どうすれば次からミスを回避できると思う？」といったように、メンバーの自発的な思考を促すように質問するのが望ましいといえます。

　メンバーのよい部分を引き出す効果的な質問方法は、

・拡大質問

・未来質問

・肯定質問

の３つだといわれています。

　「拡大質問（オープンクエッション）」は、「あなたがやりたい仕事はどんな仕事ですか？」といった「はい」「いいえ」で答えられない質問を指します。メンバー自身に考えさせることで、自らの気づきや発見を引き出します。それに対して「はい」「いいえ」で答えられる質問を**「特定質問（クローズドクエッション）」**といい、回答が二択なので特定の情報を収集するのには役立ちますが、考えさせて何かを引き出す目的にはあまり適していないといえます。

　「未来質問」は、「どうすれば次からミスを回避できると思う？」といった未来に向かった行動を促す質問を指します。それに対して「なぜミスしたの？」のように過去の出来事を追求するような質問は**「過去質問」**と呼ばれています。こうした過去質問は「犯人探し」の要素が強く、追求されたメンバーは「いいわけ」を考えることになってしまい、メンバーのよい部分を引き出すことにはつながらないことが多いので、極力避けたほうがよいとされています。

　「肯定質問」は文字どおり肯定的な言葉で質問することを指し、前向きな行動を促します。それに対して、否定的な言葉で質問することを**「否定質問」**といい、過去質問と同様に「犯人探し」の要素が強くなってしまいます。「どうしてその仕事がまだ終わっていないの？」ではなく「どうしたらその仕事の進捗を加速させることができると思う？」といったように、メンバーが前向きな気持ちで回答できる聞き方をすることで、自己肯定感を高めパフォーマンス向上につなげるとよいでしょう。

● 承認スキル

　承認スキルとは、相手の感情や状況を理解し、それを受け止め、受容する力を指します。これによってメンバーは安心感をもったり自信を高めたりすることができ、コミュニケーションをより良いものにすることができます。

　また、この承認スキルは、アメリカの心理学者エイブラハム・マズローが提唱した「マズローの欲求5段階説」とも密接な関係があります。それによると欲求には、生理的欲求、安全欲求、社会的欲求、承認欲求、自己実現欲求の5段階があり、下位の階層の欲求が満たされたときに上位の欲求が生じるといったプロセスを示しています [図08]。

**マズローの欲求5段階説**

| | |
|---|---|
| **自己実現欲求**<br>(Self-Actualization Needs) | 自己の能力を最大限に発揮して自己実現を図る欲求。 |
| **承認欲求**<br>(Esteem Needs) | 尊心、自己評価、成功、名声、地位、評価、承認、称賛を求める欲求。 |
| **社会的欲求**<br>(Love and Belongingness Needs) | 友情、家族、愛情、所属、受容、つながりを求める欲求。 |
| **安全欲求**<br>(Safety Needs) | 身体的な危険や病気、失業などから自分自身や家族、財産を守る欲求。 |
| **生理的欲求**<br>(Physiological Needs) | 食事や水分、睡眠、排泄などの生存に必要な欲求。 |

[図08] マズローの欲求5段階説の定義

　承認スキルはこの4段階目に位置する承認欲求に関係しており、自分の存在や行動が認められて受け入れられていると感じることで、自己肯定感や自己評価が高まります。さらに、この承認スキルは**「存在の承認」「変化の承認」「成果の承認」**などがあり、それぞれ相手を肯定し、受け入れ、理解するためのスキルだといわれています。

- 存在の承認……挨拶など日々のコミュニケーションによって、メンバーの存在そのものを受け入れ、肯定することです。たとえば「おはよう。いつも早く出社して偉いね」というだけでも、メンバーは「自分のことを気にかけてくれている」という**安心感**をもつことができます。
- 変化の承認……プラスであれマイナスであれ、メンバーの些細な変化に気づき、その変化に対して肯定的な態度を示すことです。たとえば「最近の〇〇さんの成長には感心しているよ。この調子で頑張ってください」とか、「最近いつものパフォーマンスが出てない気がするけど大丈夫。もし何か困ったこととかあればいつでも相談してね」といったように、相手の成長や努力を認め、その変化に対して肯定的な態度を示すことで、彼らの**自信を高め**、さらなる**成長を促す**ことができます。
- 成果の承認……メンバーが何かしらの成果を達成した際に、しっかりとその成果に対して肯定的な態度を示すことです。たとえば「このプロジェクトの成功はあなたの貢献が大きかったです。本当に素晴らしい仕事をしてくれましたね」といったように、相手の成果を認め、その成果に対して肯定的な態度を示すことで、メンバーの**自己肯定感を高め、モチベーションを向上させる**ことができます。ただし、アクション3でもふれたように、メンバーのことを無闇やたらに褒めればよいということではなく、彼らの成果やプロセスについて具体的に褒めることが大切です。

|  | Aさん | Bさん | Cさん |
|---|---|---|---|
| 些細な会話を大切にするタイプ |  |  |  |
| 褒められると伸びるタイプ |  |  |  |
| 指摘されると頑張るタイプ |  |  |  |
| 感謝されるとモチベーションが向上するタイプ |  |  |  |

[図09] メンバーのタイプに合わせたコーチングを意識して向き合う

　また、実際にはメンバーのタイプによってもモチベーション向上につながるポイントはさまざまです [図09]。

　彼らの性格も完璧に考慮しながら承認するというのはハードルが高いかもしれませんが、少なくともメンバー一人ひとりと向き合って、それぞれに合った対話を心がけることが大切です。

　マネジメントにおいて「コーチング」が重要だということについては、すでにさまざまな場面で取り上げられていますが、具体的に何をすればよいかを理解しているリーダーはまだまだ少ないのが現状です。

　ここで挙げたコーチングスキルはどれも基本的で実践しやすいものばかりになりますので、これらを活用してメンバーのよい部分を「引き出す」ことにぜひトライしてみてください。

アクション **31** まとめ

- メンバーの良い部分は「傾聴」「質問」「承認」で引き出す
- 傾聴スキル＝話しかけやすい雰囲気をつくる
- 質問スキル＝否定質問を避け、相手が前向きな気持ちで回答できる質問を意識する
- 承認スキル＝相手の存在、変化、成果を承認する

思考

**7**

# リッチキャリアより
# サステナブルライフ

～「会社の中の蛙」上司は尊敬されない～

# STANCE 15

## 「人生100年時代」の視点をもつ。

アクション32 「ワークインライフ」で考える。

アクション33 「サステナブルライフ」を意識する。

# STANCE 16

## 「違い」を認め、「互いの成功」を思案する。

アクション34 「違い」をわかり、変化することを恐れない。

アクション35 Win-Winのバランスをとり続ける。

# STANCE 15

## 「人生100年時代」の
## 視点をもつ。

### アクション32

## 「ワークインライフ」で考える。

2016年に出版された『LIFE SHIFT（ライフ・シフト）100年時代の人生戦略』（東洋経済新報社）では、世界中で長寿化が急激に進み、先進国の2007年生まれの2人に1人が100歳を超えて生きる「人生100年時代」が到来すると予測して、それに合った人生設計が必要だということを説いています[16]。

「人生100年時代っていっても実際にはもっと先の話でしょ？」と思われた方もいるでしょう。しかし、医療技術の進歩や健康意識の高まり、社会福祉の充実、体力的な負荷が少ない労働環境の増加など、社会構造の変化によって平均寿命は伸び続けています。実際に、厚生労働省の「令和3年簡易生命表」によれば、2021年の日本の平均寿命は男性が81.47歳で、女性が87.57歳であり、諸外国と比較しても、日本はもっとも長寿な国のひとつであるといえるでしょう［図01］。

また、90歳まで生存する人の割合は男性27.5％、女性52.0％となっており、現時点でも**女性の半数以上が90歳まで生きる時代**になっています［図02］。この生存割合は年々増加し続け、人生100年時代はすでに現実味を帯びはじめています。

平均寿命の推移

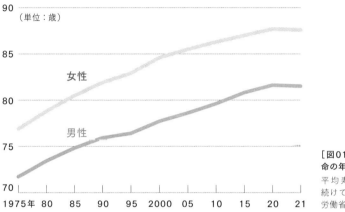

[図01]「平均寿命の年次推移」
平均寿命は伸び続けている（厚生労働省、2021年）

90歳まで生存する人の割合

[図02]「生命表上の特定年齢まで生存するものの割合の年次推移」
90歳まで生存する人の割合は年々増加傾向に（厚生労働省、2021年）

　こうした背景もあり、いまの若者は「これから先、いったい何歳まで働かなければいけないのだろう？」という漠然とした不安を抱えています。長寿命化や少子高齢化などによって、働く期間が長期化する可能性が高まるなかで、人生における働くことのウエイトが大きくなってきているのと同時に、もはや「ワークライフバランス」のように、ワークとライフを切り分けて考えること自体に違和感を覚える若者も少なくありません。

　2014年、Google社がYouTubeのTVCMで「**好きなことで、生きていく**」というメッセージを発信して当時とても話題になりましたが、そこから現在に至るまでの間に、インフルエンサーと呼ばれる人たちがSNSで好きなことを発信することで実際に収益を得て、サラリーマンと同等かあるいはそれ以上に稼ぐことが珍しくなくなりました。

　そうした人が身近に感じられるなかで、「仕事だからといって我慢して働くなんて辛いし、おかしくない？」「仕事も人生の一部なのだから楽しくないとダメだよね」といった考えをもつ若者が増えてきても不思議ではありません。こうした若者のマインドを把握せずに「仕事なんだから辛くても我慢しろ」とか「給料をもらっているのだから、やりたくないことでもやるのが当たり前だろう」と言っても、彼らの感覚とは大きく異なる可能性があるのです。それどころか、**「ああ、この人は好きなことや楽しいことで稼ぐことができない人なのだな」**と心の中で蔑まれてしまう可能性さえあります。

　もはや、ワークとライフを二項対立で考えるのは無理があります。ワークはライフの一部だと捉える**「ワークインライフ」**で考えることが重要なのです。ワークインライフでは、**ワークも人生を豊かにするための一要素として捉える**ので、人生が豊かにならないワークには人は集まらず、存続は難しくなっていくでしょう[17]。

　したがって、リーダーであるあなたがメンバーに仕事を任せるときには、**その仕事がメンバーの人生を豊かにするのにどう寄与するのか**、ということを念頭に置いて差配する必要があります。もちろん、必ずしもすべての仕事がメンバーの人生を豊かにするものばかりではありませんが、そう考える癖をつけておくことでメンバーへの指示の仕方も自然と変わってくるでしょう。

　なお、メンバーの人生を豊かにする要素に関して、相手との認識のズレを少なくするためにも、p.068で紹介した「モチベーションの源泉」を把握しておくのがおすすめです。

アクション **32** まとめ

- もはや「ワークライフバランス」ですら違和感がある
- 「ワーク」と「ライフ」は二項対立ではなく、ライフの中にワークがあると捉える
- 仕事で人生を充実させる時代ではなく、人生が豊かだからこそワークも素晴らしい

アクション **33**

## 「サステナブルライフ」を意識する。

　「サステナブルライフ」というと、一般的には「地球環境に配慮した生活」を意味することが多いですが、ここでは個々人の「**持続可能な人生**」のことを指しています。人生100年時代において、長時間労働ならぬ長期間労働が現実味を帯びてきているなか、いまの若者はいかにリスクヘッジしながら途中で脱落することなく無理せず働き続けられるのかを模索しています。

　バブル全盛期に流行った「24時間、戦えますか？」というキャッチフレーズのような価値観は一切なく、彼らは「人生100年、生きられますか？」が問われている時代に生きています。ゆえに働くことで大事なのは、どれだけ稼げるかという「経済成長性」よりも、どれだけ安定して働き続けられるかという「継続性」であり、それによって得られる「サステナブルライフ」を送ることなのです。

**持続可能な人生（サステナブルライフ）**

ワークインライフ

感情報酬

複業

[図03]「持続可能な人生」を支える3つの柱

そして、その「サステナブルライフ」を支えるのが、前述した「ワークインライフ」と、「感情報酬」「複業」の3つです [図03]。

**「感情報酬」**とは、労働の対価を給料とする「金銭報酬」とは異なり、**やりがいを感じたり、ワクワクしたり、幸せな気持ちになったり、といったポジティブな感情の創出を対価とする考え方**です[18]。

思考2で若者の「納得解」について述べましたが、自分自身が納得しているかどうかが重要だと考える若者にとって、感情報酬はとても重要な要素となります。自己実現や自己肯定感など、個人的な満足感を得られる報酬があることで、仕事に取り組む意欲が高まり、結果として生産性の向上や良い成果につながっていきます。もし仮に感情報酬が一切なく、金銭報酬が唯一の報酬になってしまうと、社員の働く動機づけが金銭のみに依存してしまうため、満足のいく金銭報酬が与えられないと働くモチベーションが低下し、最悪の場合、離職につながる可能性もあります。

そうした事態を避けるため、会社側が社員に対してできることとして、次のような施策があると考えられています。

● 認知や評価の表明

社員の業績や取り組みを公的に評価して認知することが大切です。たとえば、メンバーの実績を社内報や外部のメディアで取り上げてもらったり、社員向けの表彰制度（アワード）をつくって表彰したりすることで、社員のモチベーションを高めることができます。ただし、こうしたアワードは中途半端に行うと「とりあえず褒めておけばよいと思っているのでは？」と逆に不信感を招いてしまいかねないので、しっかりと制度化して明確な表彰基準を設けたうえで実施すべきです。

### ●キャリアアップや成長の機会の提供

　社員にとって意義のあるプロジェクトへの参加や、新しいスキルや知識を習得する機会を提供することで、自己成長やキャリアアップを実現することができます。このような機会は、彼らのモチベーションや満足度を高めることにつながります。

### ●柔軟な労働環境の提供

　社員が仕事とプライベートをバランスよく調整することができる柔軟な労働環境を提供することで、社員は自己実現や生活の質の向上に取り組むことができます。たとえば、リモートワークやフレックスタイム制度、休暇制度の充実などが挙げられます。

### ●社員の声を聞くこと

　社員の意見を積極的に取り入れ、フィードバックを行うことで、社員の自己実現や誇り、自己評価を高めることができます。たとえば、社内のアンケート調査やヒアリングセッション、定期的な1on1面談などが挙げられます。

　このように、感情報酬においては社員の成長やキャリアアップにつながる機会を提供したり、社会に貢献できる意義のある仕事を任せたりすることが重要です。彼ら自身が納得できる仕事に取り組むことで、自分自身の成長やキャリアアップを実感でき、また、社会に貢献することで自己肯定感や自己実現感を高めることができます。

　「納得解」を重視する若い社員にとって、この感情報酬はとても重要な要素だといえます。リーダーはこのことをしっかりと理解したうえで報酬制度を柔軟に設計し、メンバーのモチベーションや満足度を高める必要があ

るのです。

　あなたの職場ですぐに報酬制度を設計するのが難しいとしたら、まずは「感謝の言葉」をメンバーに伝えることからはじめてみましょう。それだけでも立派な感情報酬になるので、ぜひ今日から実践してみてください。シンプルですがとても重要なことですし、意外とできていないリーダーの方々が多いのではないでしょうか。通常の業務だとしても、メンバーが対応してくれた仕事には感謝の気持ちを述べるべきです。そうした小さな日々のコミュニケーションから感情報酬は生まれていきます。

　そして、最後の柱が**「複業」**です。「複業」とは文字どおり複数の仕事をもつことを指しています。そして、その状態で働くことを「パラレルワーク」、複業をしている人を「パラレルワーカー」と呼ぶこともあります。いわゆる「副業」は、本業があったうえでのサブ的な仕事であるのに対し、「複業」は複数の職業を本業としている点が特徴です。

複数の仕事・肩書を持って働いていきたい

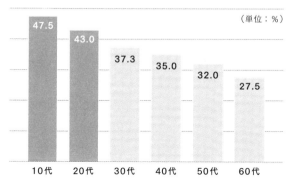

（単位：％）

| 10代 | 20代 | 30代 | 40代 | 50代 | 60代 |
| --- | --- | --- | --- | --- | --- |
| 47.5 | 43.0 | 37.3 | 35.0 | 32.0 | 27.5 |

**[図04] キャリア・自己実現に対する意識**
ワカモンまるわかり調査
（2019年3月）

STANCE 15
「人生100年時代」の視点をもつ。

　ランサーズ社が実施した「新・フリーランス実態調査2021-2022年版」では、複業系パラレルワーカーの人口は約356万人となっており、副業をもつ人と合わせると、昨年と比べて約72万人も増加しています。われわれが実施した調査でも年齢が若い人ほど「複業」の意識が高い傾向がみられました[図04]。

　パラレルワーカーは、複数の職業をもっているため収入源が複数あり、将来的に一つの職業が収益性を失った場合でも、他の職業で収入を得ることができるため、安定した収入源を確保することができるという利点があります。また、一つの職業に固執することなく、複数の分野で経験を積むことができるため、多様な知識やスキルを身につけることができるというメリットもあります。こうしたことからも、「サステナブルライフ」を得るために「複業」が重要な要素になってきているといえます。

　とはいえ、リーダーであるあなたの立場上、さすがに「複業」を推奨することは難しいかもしれません。しかし、そういったマインドがあることを知っておくだけでも、会社都合の価値観を押し付けてしまうことを減らせるでしょう。リーダーであるあなたがこの「サステナブルライフ」を意識するとしないとでは、メンバーの働きやすさが大きく変わってくるため、ぜひ忘れずに活用してみてください。

アクション **33** まとめ

- 人生100年時代、持続可能な人生という目線で生き方を考える
- 金銭的な報酬だけでなく、「感情」が豊かになることを報酬と捉える価値観をもつ
- 何が起きるかわからない時代に、長く働くためにも「複業」の視点をもつ

# STANCE 16
## 「違い」を認め、
## 「互いの成功」を思案する。

アクション**34**

## 「違い」をわかり、変化することを恐れない。

　本書ではここまで、凝り固まった古い思考を変えて、スタンスを変えて、アクションを変える必要性とその有用性を述べてきました。しかし、これらを実践することが容易でないことはいうまでもありません。なぜなら、そもそも人は未知の事象や新しい価値観、変化といったものを受け入れにくく、現状を維持しようと保守的になってしまう生き物だからです。これもやはりバイアスの一種であり、**「現状維持バイアス」**といわれているものです。

　しかし、現状を維持しようとすること自体が悪いことなのでしょうか。その答えの前に、そもそも「現状を維持するとはどういうことなのか」について考えてみる必要があるでしょう。

　ヒントになりそうなのが、生物学者の福岡伸一氏が提唱している**「動的平衡」**という考え方です。人間の細胞は、一年も経てば分子レベルではすべて新しいものに入れ替わっているそうです。にもかかわらず、「自分」という人間はそのままで保たれています。「自分」を構成する要素は入れ替わっているのに、「自分」は自分のまま続いている状態にある。大雑把にいってしまうと、これが「動的平衡」です[(19)]。

　私達生命体は、たまたまそこに密度が高まっている分子のゆるい『淀み』でしかない。しかもそれは高速で入れ替わっている。この流れ自体が『生きている』ということであり、常に分子を外部から与えないと、出て行く分子との収支が合わなくなる。（福岡伸一『生物と無生物のあいだ』講談社／2007年）

　福岡氏によれば、生命の特性はまずは「壊す」ことにあるといいます。「自分」を自分のまま保つために、細胞は分子レベルでは自らを壊し続ける（分解）ことで、結果的につねに新しい細胞が生まれる（合成）状況を維持しています。**はじめに「分解」があり、その後に「合成」が起きるというサイクルを絶え間なく繰り返していくことで、「安定」を保ち続けている**のです[20]。

　これは細胞に限った話ではなく、たとえば人が歩くときも同じであるといいます。人は歩くとき、片方の足を前に出すことで全体のバランスを崩し、その不安定な状態を解消して「安定」を実現しようと、もう一方の足が前に出るのであると。

　つまり、**動的平衡的に捉えれば、「現状維持」とは決して変わらないことではなく、分解と合成を繰り返しながら変わり続けること**だといえます。

　これをビジネスシーンに置き換えて考えてみましょう。企業やチームはつねに変化の波にさらされています。新しいテクノロジーが生まれ、世の中の価値観が変わり、社会環境が変容していくなかで、それらに対応していくことが求められます。このため、企業は「分解」というプロセスを経る必要があります。つまり、既存のビジネスモデルやプロセスを見直し、改善や削減を行い、新しいアイデアや方向性を模索することで、つねに変化に適応できる体制を維持していく必要があるわけです。

　一方で、「安定」も同様に重要です。「分解」だけするばかりではチームの安定性が失われ、メンバーのモチベーション低下や顧客との信頼関係の損失などが生じる可能性があります。そのため、企業は「合成」というプロセスも同時に行う必要があります。つまり、既存のビジネスモデルやプロセスを改善しながら、新しいアイデアや方向性を加えて、より安定的な状態を維持する必要があるのです。

　これらのプロセスの必要性は、チームのマネジメントにおいても同様です。チームはつねに変化しており、新しいメンバーが加わったり、新しい目標や業務が発生したりすることの繰り返しです。リーダーはその都度、業務内容やメンバーの役割分担を見直し、改善や削減を行い、より効率的なチーム運営を模索することで、つねに変化に適応できる体制を維持していく必要があります。このように、チームはつねに「分解」と「合成」を繰り返すことで、動的平衡を保ちながら変化に適応することができるのだといえます。

　ここで、メンバーであるいまの若者に目を向けてみます。新しい価値観や経験を積むことに興味をもち、変化や挑戦を求めている若者も、前述のように、持続可能な人生である「サステナブルライフ」を送ることを求めています。それにはどれだけ安定して働き続けられるかという「継続性」が重要であり、つまりは変わり続けることによって、結局のところ「現状維持」を目指しているのだと捉えることができるのではないでしょうか。

　つまり、リーダーであるあなたもメンバーである若者たちも、本質的には「現状を維持していきたい」という根本的な価値観はほとんど同じだといえるでしょう。違うように見えても、じつは一緒なのかもしれない。そう考えると、なんだかメンバーのことを少しわかったような気がしてくると思います。

そして、これを「わかったような気がする」で終わらせずに、しっかりと「わかる」ところまで進める必要があります。「わかる」とはどういうことなのか、さまざまな捉え方があると思いますが、ここでは次の言葉をご紹介します。西洋史学者の阿部謹也氏が著書『自分のなかに歴史をよむ』（筑摩書房）のなかで、著者の師である歴史学者の上原専禄氏が語った言葉として、「わかるということはそれによって自分が変わること」であると記しています。[21] この言葉はとても本質を表していると思います。

「わかる」とは、ある事柄や現象に対して理解し、認識することを指しますが、この「わかる」にはさまざまなレベルがあります。上原専禄氏の言葉にあるように、真に「わかる」ということは、その対象について深く考え、自分自身の思考や行動を変えることができるということ、つまり、自分の価値観や行動の基盤として取り入れることができるということを意味しています。

たとえば、歴史を学ぶことで、その時代の人々が直面した問題や価値観を理解することができ、それによって、これまでの自分の世界観や価値観が変わることがあります。また、異なる文化や宗教、性別、年齢、人種などについて学ぶことで、他人の立場や考え方を理解し、自分の偏見や先入観が変わることもあります。ビジネスシーンにおいても同様のことがいえます。リーダーであるあなたは、さまざまな背景やスキルをもったメンバー一人ひとりの多様性を理解し、メンバーの意見を取り入れ、自らのやり方や考え方にこだわらずに柔軟に変化していくことができれば、それぞれの人材の強みを活かすことにつながり、チームを良い方向へ変えることができるのです。

その対象について深く考え、自分自身の思考や行動を変える、この変化こそが、真の理解と成長につながるのだと思います。ですから、メンバーのことを理解できたなと感じたときは、同時に**「わかったことで自分の何**

**が変わったのだろうか?」**ということを自問自答してみてください。もし
あなたが何も変わっていなければ、それはやはり本当のところではメン
バーのことをわかっていないのかもしれません。

　メンバーのことをちゃんとわかるために、そして「自分」を保つためにも、
変化を恐れずに変わり続けていくことが必要なのです。

アクション **34** まとめ

- 人間は「現状維持バイアス」によって、保守的になってしまう生き物だと
  理解する
- 「現状維持」とは、変化し続けている状態を保っていると捉えることもで
  きる
- 「わかる」とは、自身が「かわる」ことであり、それによって成長すること

アクション**35**

# Win-Winのバランスをとり続ける。

　あなたがメンバーのことを「わかる」とき、それは同時にあなたが変わることだと述べました。では、具体的にどのように変わることがメンバーにとって、チームにとってより良い効果をもたらすのでしょうか。

　変化しながらも継続的により安定的な状態を維持するためのひとつの考え方として、**相手の立場に立って考えられるかどうかがとても重要**だといえます。「相手の立場に立って考えるなんてもう何回も聞いたことあるよ」と、そう思った方も多いのではないでしょうか。しかし、そう思っている人のなかには、「相手の立場に立って考える＝自分の立場を押し殺して考える」になってしまっている人が少なからず見受けられます。自分を押し殺したうえで相手の立場に立ってしまうようだと、どうしても無理や我慢が生じてしまい、けっきょくのところ長続きしません。

　では、そうならないためにはどうすればよいのか。大事なのは**「Win-Winな状態を目指すこと」**です。アクション3でも述べたように、「押しつける」でも「擦り寄る」でもなく、**「すり合わせる」ことこそが、Win-Winな状態をつくり出すこと**を可能にします。

　このすり合わせに有効なのが**「Will・Can・Mustフレームワーク」**です。メンバーの「やりたいこと（Will）」と「できること（Can）」を把握したうえで、「メンバーが業務としてやるべきこと（Must）」と重なる部分を見つけ出すのが狙いです [図05]。重なる部分が大きければ大きいほど働くモチベーションを高く維持できる職場であり、重なりが小さくなるにつれて、ミスマッチが大きくメンバーはストレスを感じて働くモチベーションが上がらない可能性が高くなります。

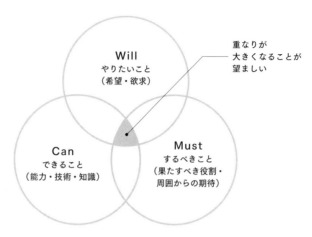

重なりが
大きくなることが
望ましい

**Will**
やりたいこと
（希望・欲求）

**Can**
できること
（能力・技術・知識）

**Must**
するべきこと
（果たすべき役割・
周囲からの期待）

［図05］Will・Can・Mustの重なりを拡げながらメンバーをサポートしていく

　たとえば、「グローバルに活躍したい」というWillがあり、TOEICも900点でビジネス英会話が得意なCanもあるメンバーに対して、英語を一切使わないドメスティックな仕事をMustとしていたら、働くモチベーションを上げるのは難しいでしょう。こうしたケースでは、現実的に英語を使った仕事を任せることが難しかったとしても、Mustをできる限りWillやCanに重なる（あるいは将来的に重なる）よう設定できるかどうか、丁寧かつ誠実な対応がとても重要になってきます。

　また、メンバーのWill・Can・Mustは不可変なものではなく、日々変わり続けるので、定期的にウォッチし続けることが重要です。そして、この重なる部分を広げていくことがメンバーのキャリア支援であり能力開発になるので、マネジメントの力量が問われるとても大事なミッションになります。

メンバーのWill・Can・Mustが重なる部分を広げていくために、リーダーができることとして次のような方法があります。

● キャリア１on１面談を実施する

通常の1on1とは別に、キャリアについて話し合うメンバーとの1on1面談を実施します。その面談を通じてメンバーのWill・Can・Mustについて詳しくヒアリングし、その情報をもとにメンバーに合ったキャリア支援や能力開発の提案を行います。

● 横断的なプロジェクトへの参加を促す

メンバーが他部署や他プロジェクトと協力して取り組むことで、自身のスキルや知識を広げることができます。メンバーに横断的なプロジェクトへの参加を促し、必要な場合はリーダー自身が調整役になることで、メンバーのネットワークを広げる手助けをします。

● ジョブローテーション機会の提供

ときには自分のチームに囲い込むことをやめて、組織内の他部署や他チームに異動させてみます。別の業務に携わってもらうことで異なる視点から業務に取り組んでもらい、新しいスキルや知識を習得しながら広げていくことを目指します。

● 外部研修の支援

外部の研修に参加する機会を提供することで、他の企業や業界の知見を取り入れることができます。メンバー自身が自分のWill・Can・Mustをより客観的に認識できるようになります。

思考
**7**

「違い」を認め、「互いの成功」を思案する。

　Will・Can・Mustの重なりを拡げながら、お互いがWin-Winになるように バランスをとり続ける。この**「Win-Winバランス力」こそが、リーダー が身につけるべきスキル**なのです。

アクション **35** まとめ

- 相手の立場に立って考えるとは、自分を押し殺して相手を尊重すること ではない
- 相手と自分の「Will」「Can」「Must」が重なる部分を意識的に探す
- 双方にとってメリットがある「Win-Win」の状況を見出すスキルが必要

# 電通若者研究部が見つめる未来

　最後に、われわれ電通若者研究部 ワカモンが大事にしている考え方についてふれておきます。電通若者研究部という組織は、10年以上にわたって若い世代の研究やマーケティングを行ってきた専門チームです。若い人たちを見つめることで見えてくる結果から、さまざまな企画やプロジェクトを手掛けてきました。

　電通若者研究部では、**若者を見つめること＝未来を見つめること**、だと考えています。誰でも「若者」と呼ばれる時期を経験しますが、若者はつねに新しい価値観や感性をもっており、いつの時代も「イマドキの若者は」といった言葉とともに、上の世代からは理解しがたい存在として、ややネガティブな文脈で強調されてしまいます。しかし、若者はその10年後には社会のメインプレイヤーとなっていく存在です。彼らのもっている感性が社会の中心になっていくと捉えると、少し先に訪れる新しい未来の感性を知ることができる存在として、しっかりと向き合うべき人たちであるといえます。

　本書では、"いまの時代におけるチームマネジメントはどうあるべきか"という課題を設定し、若者研究を通して培った知見をフラット・マネジメントというシステムに落とし込んで体系的に整理しました。いまの時代におけるマネジメントとは、すなわち「新しい価値観や感性をもった世代のマネジメント」です。ここまで本書を読み進めてきたあなたは、新しい時代の価値観「＝いまの若者の感性」を理解するための素地を獲得しているはずです。

フラット・マネジメントのなかには「そこまで丁寧に向き合わないといけないの?」とストレスを感じる部分があったかもしれません。しかし、「はじめに」でも述べたように、いまの世代ではある程度の工数をかけて向き合うことが求められます。丁寧に向き合うことがチームのパフォーマンスを最大化するために不可欠であることは、避けがたい事実なのです。

　そのために最後にもう少しだけ、フラット・マネジメントを実践していくうえで必要なヒントをまとめておきましょう。

### ● 「石の上に3年も待てない」の真意

　アクション8では、いまの若者は「石の上に3年も待てない」と述べました。これを読んだあなたは「若いうちからすぐに何でもできるわけではないのだから、多少は時間をかけないと成長しないのに、それを待てない若者なんてどう扱ったらいいのか」と感じませんでしたか?

　時間をかけて成長したり、慣れたりしていくことは、いまの時代も変わらず重要です。しかし、何の説明もしないまま「3年間耐え忍べ」と言ったところで、いまのような先の見えない世の中では、若者は将来のイメージをもてず、ただただ闇雲に過ごすことはできないと考えます。大切なのは、3年待った先に何があるのか、どのように成長してほしいのかなど、具体的な3年間をイメージさせることです。それができれば、「3年間」という期間を頭ごなしに否定することはありません。

　われわれの調査でも、何が起きるかわからない時代を生きるうえで、何かしら自分のスキルやキャリアを育てたいと考える若者は全体で74.1%に上りますが、高校生に絞ってみるとさらに8割にまで上昇します。何も説明せずに、ただ「3年耐えろ!」ではなく、そこに未来をイメージできる補足を付けてあげることがとても重要なのです。

将来のために、自分のスキルやキャリアを
育てなければいけないという危機感がある

| そう思う | そう思わない |
|---|---|
| **74.1**% | **25.9**% |

高校生のみで見た数値

| そう思う | そう思わない |
|---|---|
| **80.7**% | **19.3**% |

ワカモンまるわかり調査（2021年12月）

● 納得できるやる意味＝「納得解」の重要性

　アクション9では、「納得解」の重要性についてふれました。「仕事なんだから自分で考えて納得してもらわないと困る」「そこまで説明するのは手間がかかりすぎる」などと感じたのではないでしょうか？　事実、「いいからやれ！」という指示で問題なく仕事が進んでいた時代もありました。しかし、いまは自分が嫌ならばすぐにやめることができる時代です。転職や独立など、働き方の選択肢が増えた社会において、持続可能なチーム、生産性の高いチームを生み出すうえでは、リーダーが進んで手間をかけていく必要があるのです。

嫌なこと（＝納得できないこと）を無理やりにやるのではなく、得意な分野を伸ばしたい、という感性もいまの時代の風潮です。選択肢が広がったことによって、そこにもっと楽しいこと、得意なことがあるのに、なぜ無理やりに納得のいかないことをしなければならないのか、いまの若者はそう考えます。

嫌なことを我慢して過ごすくらいなら、
その時間を使って自分の得意なことを伸ばすほうが、
結果、得だと思う

| そう思う | そう思わない |
|---|---|
| **84.7**% | **15.3**% |

ワカモンまるわかり調査（2021年12月）

　嫌なことや納得のいかないことをやり抜いてきた世代には受け入れがたいかもしれませんが、大きな時代の変化として、理解する必要があります。

● 「メール文化」をやめるの意図
　アクション20で「メール文化」をやめることを提案しました。これは、これまで当たり前だと思っていたメール文化をやめる、もしくは、それ以外にも選択肢があるということを理解して状況に応じたツール選択をしていく必要がある、ということです。

本書ではたびたび、いまの時代は価値観が多様であり、自分と相手が必ずしも同じ価値観をもっていない可能性のほうが高い時代である、と述べてきました。われわれが行った調査でも、自らの世代と上下を見渡した際に、価値観が異なると感じている人が7割以上にも上っています。

**上や下の世代と私たちの世代では、
明らかに価値観が異なっていると感じることが多い**

| そう思う | そう思わない |
|---|---|
| **74.3**% | **25.7**% |

ワカモンまるわかり調査（2021年12月）

　こうした状況を踏まえたとき、従来のメール文化が重要な相手もいれば、その文化が適していない相手もいる、ということを認識することが大切なのです。

● 「うわべコミュニケーション」のリスク
　いまの時代の若者は、「全体最適」を考える傾向がとても強いといえます。それは意見が無いのではなく、「あえてそこで揉める必要はない」「誰かが嫌な思いをするぐらいなら自分の意見は言わない」「正直に話すことが必ずしも正しいわけではない」といった感覚をもっているからです。以下の調査は仕事に関するものではありませんが、「正直に話すことが必ずしも正しいわけではない」という感覚をもっていることを表しています。

**【A】友だちなら、腹を割って本音で話したい**
**【B】友だちだからといって、すべて本音で話す**
**必要はないと思う**

| Aに近い | Bに近い |
|---|---|
| **48.4**% | **51.6**% |

ワカモンまるわかり調査（2021年12月）

　彼らは引いた目線で全体を見通す傾向があるので、そうした感覚をもつ世代に対しては、必要以上に遠慮をすることはあまり良い結果を生みません。アクション27でも述べたように、最低限の配慮をもちながら、伝えたい内容を真摯に伝えていくことで、「うわべコミュニケーション」を回避しましょう。

　フラット・マネジメントで考えて実践していくことはなかなか容易ではありませんが、これまでの価値観や文化、考え方を否定しているのではなく、いまの時代の価値観や感性に合わせていく、と考えることがとても重要です。

　冒頭でも述べましたが、**「若者を見つめることは、未来を見つめること」**です。日々、世の中の価値観は変化し続けており、私たちはそんな時代を生きています。未来を感じながら、時代の価値観を捉え、より良いチームをつくることができるリーダーがより多く存在する社会になることを願って、この本が少しでもあなたのマネジメントに寄与できれば幸いです。

# おわりに

　本書を最後までお読みいただいた読者のみなさま、本当にありがとうございました。

　われわれ電通若者研究部 ワカモンは、普段、若者と接することで見えてくる彼らの価値観や行動を起点にしながら、通常とは少し違ったアプローチで商品・コンセプト開発を行っています。それと同じように、マネジメントにおいても、それらを起点に捉え直してみることでしか見えてこないであろう視点を大事にしながら、本書の執筆にトライしました。われわれにとっては、ある意味新たな挑戦ともいえる一大プロジェクトでした。

　そんな一大プロジェクトとして、試行錯誤しながら手探りの状態で走り出したこの本を無事に刊行できたのは、間違いなく何から何まで支え続けてくださったMdN書籍編集部の後藤憲司さん、橋本夏希さんのおかげです。本当にありがとうございました。

　また、コーチングやアサーティブ・コミュニケーションなどの具体的な手法についてアドバイスいただきました、国家資格キャリアコンサルタントでありアサーティブ認定コミュニケーターでもある株式会社グローバルアートバンク取締役の長尾淳子さん、ありがとうございました。

最後に、本書を書くにあたり喧々諤々、切磋琢磨した執筆メンバーであるワカモンの奈木れいさん、説田佳奈子さん、持田小百合さん、執筆だけでなくイラストまで描き上げてくれた古山萌美さんをはじめ、25名のワカモンメンバーたち、そして日頃の交流のなかでわれわれワカモンにたくさんの学びや発見とモチベーションを与えてくれる若者のみなさまに、心から感謝いたします。

　本書の中でもふれたように、日本はプレイングマネージャーが約9割だといわれています。そして、どちらかといえばプレイングに重きがおかれ、マネジメントについては二の次で、いってしまえば「ついでマネジメント」になってしまっていることが多いのが現状だと思います。

　この本を読んでくださったみなさまが、それぞれの職場で「フラット・マネジメント」を実践していただくことによって、少しでも「ついでマネジメント」が減っていき、みなさまのチームのメンバーが成果を上げながら、やりがいや生きがいをもって働ける「心地いいチーム」が日本全国各地に増えていくことを心から願っています。

2023年6月
電通若者研究部　ワカモンを代表して
古橋正康

Wakamon

「若者から未来をデザインする」というビジョンを掲げ、高校生・大学生を中心に10〜20代の若者（＝最初に新しくなる人たち）の実態にとことん迫り、半歩先の未来のスタンダードになり得る新しい価値観の兆しをいち早く捉えることを目指したプランニング＆クリエーティブユニット。若者と社会の間に立ち、双方とフラットに向き合いながら企業のビジネス創造や日本社会の活性化に向けた活動を推進。

| | | |
|---|---|---|
| 古橋正康 | 西井美保子 | 山口志歩 |
| 奈木れい | 小島洋介 | 森内 龍 |
| 説田佳奈子 | 兵澤 諒 | 瓜谷優紀子 |
| 持田小百合 | 用丸雅也 | 谷井愛理沙 |
| 古山萌美 | 湊 康明 | 三浦 優 |
| 木伏美加 | 中島弥姫 | 大島佳果 |
| 小谷和也 | 工藤永人 | 福嶋咲美 |
| 小島雄一郎 | 笹森 愛 | 三橋 将 |
| 吉田将英 | 森 俊貴 | （※順不同） |

**古橋正康**（ふるはし・まさやす）
**ビジネスデザイナー**

デジタルを中心としたコミュニケーション設計から企画実施までを行う統合プランナーを経て、2020年より現局で若者向けの新規事業開発に従事。事業立ち上げから売却までを経験。また、2014年から所属する社内横断ラボである電通若者研究部　ワカモンの代表として、若者インサイトの研究も行っている。


**奈木れい**（なぎ・れい）
**プロデューサー**

電通若者研究部　ワカモンに約10年前に参画し、ゆとり世代〜Ｚ世代など、変化する若者を研究。プロジェクトマネジメントから、コンセプト・戦略立案、商品開発やスペース開発、そして新規事業開発など、多様な領域での作業に従事。共著に『若者離れ　電通が考える未来のためのコミュニケーション術』（エムディエヌコーポレーション、2016年）がある。


**説田佳奈子**（せった・かなこ）
**ビジネス・デザイナー**

化粧品、食品、流通、BtoB企業などのマーケティング・コミュニケーション戦略立案の経験を経て、現在は企業への経営・事業コンサルティング業務に従事。電通若者研究部　ワカモンを兼務し、主に10〜20代の若年層を対象とした若年層のインサイト研究員としても活動中。


**古山萌美**（こやま・もえみ）
**クリエーティブ・プランナー**

ストラテジックプランナーを経験したのち、現職。常にトレンドを生み出し続ける若者から時代の潮流を捉え、一歩先の企画をしていきたいと思い、電通若者研究部　ワカモンへ参画。


**持田小百合**（もちだ・さゆり）
**リサーチャー／プランナー**

ベンチャーシンクタンク勤務を経て、旧・電通リサーチ（現・電通マクロミルインサイト）に入社。電通若者研究部　ワカモンの立ち上げに参画。若年層からシニア女性まで幅広い世代のインサイト研究や、女子中高生とのワークショップのファシリテーターなどを担当。常に変わり続ける今の時代を的確に捉え、これからの時代のあり方のヒントを探りたいとの思いで、再びワカモンに参画。

## 引用・参考文献

### ・思考1
[図02] 世代差に対する気持ち／ワカモンまるわかり調査、2021年12月
[図03] コロナ禍を振り返っての気持ち／ワカモンコロナ意識調査、2021年1月
[図04] 「メンバーシップ型」と「ジョブ型」の雇用形態の違い
　　　／RGFプロフェッショナルリクルートメントジャパン (https://www.rgf-professional.jp/insights/2020-10-differences-between-job-type-based-employment-and-membership-type-employment)、
　　　／ホワイトキャリア (https://jws-japan.or.jp/whitecareer/blog/2843)、
　　　／産経ニュース (https://www.sankei.com/article/20201129-QETA2GUN6ZLBHNS25G2BFV6NE4/)
[図06] 「上司ガチャ実態調査」／株式会社アッテル (https://prtimes.jp/main/html/rd/p/000000020.000046088.html)

(1) p.030　Weblio国語辞典 (https://www.weblio.jp/)
(2) p.031　加齢によって頑固になるって本当？ 脳の先生に話を聞きました／tayorini (https://kaigo.homes.co.jp/tayorini/interview/ganko/)
　　　　　なぜ年を取ると頭が固くなるのか？／テンミニッツTV (https://10mtv.jp/pc/column/article.php?column_article_id=2558)
(3) p.042　リスペクト・トレーニング／ピースマインド株式会社 (https://www.peacemind.co.jp/service/training/respect_training)

### ・思考2
[図01] キャリア・自己実現に対する意識／ワカモンまるわかり調査、2021年12月
[図02] 外出自粛についての気持ち／ワカモンコロナ意識調査、2020年6月
[図04] キャリア・自己実現に対する意識／ワカモンまるわかり調査、2021年12月
[図05] 就職活動に対する意識／サークルアップ調査、2020年2月
[図06] モチベーションを高めた要因、下げた要因を可視化する／『THE TEAM 5つの法則』麻野耕司 著、幻冬舎、2019年
[図07] MVV（ミッション・ビジョン・バリュー）の定義／『ドラッカー5つの質問』山下淳一郎 著、あさ出版、2017年

(4) p.061　出世欲のない20代は77％！ 出世したくない理由は「責任のある仕事をしたくない」がトップでワークライフバランスを重視する若者が増加
　　　　　傾向に／東晶貿易株式会社 (https://prtimes.jp/main/html/rd/p/000000067.000005088.html)
(5) p.062　ポータブルスキル見える化ツール／厚生労働省 (https://www.mhlw.go.jp/stf/newpage_23112.html)
(6) p.071　行動規準「The Five Keys ～ 5つの鍵～」東京ディズニーリゾート／株式会社オリエンタルランド (https://www.olc.co.jp/ja/sustainability/social/safety/scse.html)
　　　　　カストーディアルキャスト／東京ディズニーリゾート キャスティングセンター (https://www.castingline.net/disney_jobs/custodial.html)
(7) p.071　ミッション／株式会社メルカリ (https://careers.mercari.com/jp/mission-values/)
　　　　　社員10人の時点で構築したミッションとバリュー Vol.3／Signifiant Style (https://signifiant.jp/articles/mercari-ipo-3/)

### ・思考3
[図01] 「平成23年版情報通信白書」情報流通インデックス／総務省、2011年
[図02] 「我が国のインターネットにおけるトラヒックの集計・試算」／総務省、2022年5月
[図03] 「平成29年版高齢社会白書」年齢区分別の将来人口推計／内閣府、2022年
[図04] 1人当たり労働生産性、主要先進7ヶ国の労働生産性順位の変遷／公益財団法人日本生産性本部、2022年
[図05] 理想とする大人について／ワカモンまるわかり調査、2021年12月
[図09] 「新入社員意識調査2022」／リクルートマネジメントソリューションズ (https://www.recruit-ms.co.jp/press/pressrelease/detail/0000000377/)、2022年6月
[図10] 就職活動に対する意識／サークルアップ調査、2020年2月

(8) p.076　辞書を編む人が選ぶ「今年の新語2022」／三省堂 (https://dictionary.sanseido-publ.co.jp/shingo/2022/)

### ・思考4
(9) p.110　ダブルバインド／一般社団法人日本経営心理士協会 (https://keiei-shinri.or.jp/word/ダブルバインド/)
(10) p.114　「GOOD & NEW」で社内の雰囲気がガラッとよくなったのは、なぜ？／ダイヤモンド・オンライン (https://diamond.jp/articles/-/276965)

・思考5

［図01］「尊敬できる上司とできない上司の特徴に関する意識調査」／ RS MEDIA (https://www.rise-square.jp/contents/nayami/jyoushisonkei. php)、2022年7月

［図02］感情的知性を伸ばすための取り組み
／ Lucid (https://lucid.co/ja/blog/why-emotional-intelligence-is-important)
／マネージャー・ライフ (https://manager-life.net/oyakudachi/qualification_recruit_carrier/post_5852/)
／インバイトジャパン (https://www.invitejapan.com/emotional-intelligence-important-concept-for-individuals-and-teams/)
／スタディーハッカー (https://studyhacker.net/columns/eq-eihyouka)
／ハーバード・ビジネス・レビュー (https://dhbr.diamond.jp/articles/-/5623)

［図03］「上場企業の部長に関する実態調査」／産業能率大学、2021年9月

［図04］Google社が提唱する「最高のマネージャーになるための8つの習慣」
／ Lightworks BLOG (https://research.lightworks.co.jp/google-manager-softskills)
／識学総研 (https://souken.shikigaku.jp/1198/)

(11) p.118　Keisuke Honda ／ https://twitter.com/kskgroup2017/status/1595740364237049860?s=20
https://twitter.com/kskgroup2017/status/1595758628744855552?s=20

(12) p.133　新入社員意識調査2022 ／リクルートマネジメントソリューションズ (https://www.recruit-ms.co.jp/press/pressrelease/ detail/0000000377/)


・思考6

［図01］心理的安全性の低いチームにみられる「4つの不安」／「Building a psychologically safe workplace｜Amy Edmondson」TEDxHGSE(https:// www.youtube.com/watch?v=LhoLuui9gX8&t=9s)

［図06］Z世代の成長に対する価値観／ワカモンまるわかり調査、2021年12月

［図07］「叱られたい」という傾向は世代が若くなるほど高くなる／ワカモンまるわかり調査、2021年12月

［図08］マズローの欲求5段階説の定義
／『人間性の心理学―モチベーションとパーソナリティ』A.H.マズロー 著、小口忠彦 訳、産能大出版部、1987年
／『マズロー心理学入門―人間性心理学の源流を求めて』中野 明 著、アルテ、2016年

(13) p.149　『心理的安全性のつくりかた』石井遼介 著、日本能率協会マネジメントセンター、2020年
『チームが機能するとはどういうことか―「学習力」と「実行力」を高める実践アプローチ』エイミー・C・エドモンドソン 著、野津智子 訳、英治出版、2014年

(14) p.160　『アサーティブ・コミュニケーション』戸田久実 著、日本経済新聞出版、2022年

(15) p.175　コーチングとは？必要なスキルやメリット、ポイントをご紹介／ HR NOTE (https://hrnote.jp/contents/b-contents-composition-coaching-190528/)
コーチングの基本スキル　3つのポイント／ PHP人材開発 (https://hrd.php.co.jp/management/articles/3-28.php)

・「グーグルの「最高の上司」がチームの生産性を高めるために実践していること」／ Business Insider Japan (https://www.businessinsider.jp/ post-106068/)
・「「怒る」と「叱る」の違いを知らない上司の大盲点」／東洋経済オンライン (https://toyokeizai.net/articles/-/323368)
・「コロナ禍での会話に関する調査」／ DMM英会話 (https://prtimes.jp/main/html/rd/p/000003728.000002581.html)
・「本音をあぶり出す、直感マーケティングの新手法、STPとは？」／電通報 (https://dentsu-ho.com/articles/7435)


・思考7

［図01］「平均寿命の年次推移」／厚生労働省、2021年

［図02］「生命表上の特定年齢まで生存するものの割合の年次推移」／厚生労働省、2021年

［図04］キャリア・自己実現に対する意識／ワカモンまるわかり調査、2019年3月

［図05］Will・Can・Mustの重なりを拡げながらメンバーをサポートしていく／「Will Can Mustとは？3つにズレがある人材への企業の対処法」ライトマネジメント (https://mpg.rightmanagement.jp/hrcafe/development/20201208-03.html)

(16) p.184　『LIFE SHIFT』リンダ・グラットン 著、アンドリュー・スコット 著、池村千秋 訳、東洋経済新報社、2016年

(17) p.186　ワークインライフ／「Work in Life」株式会社オカムラ (https://www.okamura.co.jp/company/wil-be/workinlife/)

(18) p.189　感情報酬とは？「第三の報酬」と注目される理由や運用方法、事例を紹介／ THANKS GIFT (https://thanks-gift.net/column/ engagement/emotional-reward/)

(19) p.194　『動的平衡　生命はなぜそこに宿るのか』福岡伸一 著、木楽舎、2009年

(20) p.195　『生物と無生物のあいだ』福岡伸一 著、講談社現代新書、2007年

(21) p.197　「本質は『あいだ』にある　〜動的平衡という生命のあり方に学ぶ〜」日立 Executive Foresight Online (https://www.foresight.ext. hitachi.co.jp/_ct/17436774)

制作スタッフ
[執筆]　　　　　　　古橋正康、奈木れい、説田佳奈子、古山萌美、持田小百合
[イラスト]　　　　　古山萌美

[装丁・本文デザイン]　木村由紀（MdN Design）
[DTP]　　　　　　　木村由紀（MdN Design）、石垣由梨（MdN Design）
[編集]　　　　　　　後藤憲司

# フラット・マネジメント
# 「心地いいチーム」をつくるリーダーの7つの思考

2023年8月1日　　　　初版第1刷発行

[著者]　　　　　　　電通若者研究部 ワカモン
[発行人]　　　　　　山口康夫
[発行]　　　　　　　株式会社エムディエヌコーポレーション
　　　　　　　　　　〒101-0051　東京都千代田区神田神保町一丁目105番地
　　　　　　　　　　https://books.MdN.co.jp/
[発売]　　　　　　　株式会社インプレス
　　　　　　　　　　〒101-0051　東京都千代田区神田神保町一丁目105番地
[印刷・製本]　　　　中央精版印刷株式会社


Printed in Japan
©2023 DENTSU INC. All rights reserved.

【カスタマーセンター】
造本には万全を期しておりますが、万一、落丁・乱丁などがございましたら、送料小社負担にてお取り替えいたします。
お手数ですが、カスタマーセンターまでご返送ください。

【落丁・乱丁本などのご返送先】
〒101-0051　東京都千代田区神田神保町一丁目105番地
株式会社エムディエヌコーポレーション カスタマーセンター
TEL：03-4334-2915

【内容に関するお問い合わせ先】
info@MdN.co.jp

【書店・販売店のご注文受付】
株式会社インプレス　受注センター
TEL：048-449-8040／FAX：048-449-8041


ISBN978-4-295-20472-5　C0034